职业院校教师信息化教学能力提升培训教材（初级）

技能形成

Jineng Xingcheng

组　编　教育部职业院校信息化教学指导委员会培训专门委员会
主　编　宋安国
副主编　李继锋　郑日忠

高等教育出版社·北京

内容提要

本书是教育部职业院校信息化教学指导委员会培训专门委员会（筹）组织开发的《职业院校教师信息化教学能力提升培训教材（初级）》之一。本书内容意在提升职业院校教师的课程组织与评估能力，使教师具有开展职业技术技能教育的课程组织实施能力。本书内容包括五部分：课程标准的制定、课程设计、教学组织形式与实施、信息化教学环境对教学的影响、教学评价与课程评估，内容丰富、通俗易懂，既注重理论知识的学习，更强调实践能力的培养。全书内容以学习为中心，采用基于任务驱动的行动导向模式。各部分内容均采用分组教学、师生互动、自主学习、小组合作、探究和拓展等方式，将教学内容融入培训情境，让学员在讨论任务、分析任务、完成任务的过程中顺利建构信息化教学知识结构，形成信息化教学的实践能力。

本书除作为职业院校教师信息化教学能力提升培训教材外，还可以作为职业院校教师在日常教学活动中进行自主学习的参考书。

图书在版编目（CIP）数据

技能形成／宋安国主编；教育部职业院校信息化教学指导委员会培训专门委员会组编. — 北京：高等教育出版社，2016.4
　　ISBN 978-7-04-045250-1

Ⅰ.①技⋯　Ⅱ.①宋⋯ ②教⋯　Ⅲ.①职业技能－能力培养－高等职业教育－教材　Ⅳ.①C975

中国版本图书馆 CIP 数据核字（2016）第 076117 号

策划编辑	洪国芬	责任编辑	洪国芬	封面设计	张　志
版式设计	张　杰	责任校对	张小镝	责任印制	韩　刚

出版发行	高等教育出版社	网　　址	http://www.hep.edu.cn	
社　　址	北京市西城区德外大街4号		http://www.hep.com.cn	
邮政编码	100120	网上订购	http://www.hepmall.com.cn	
印　　刷	保定市中画美凯印刷有限公司		http://www.hepmall.com	
开　　本	787mm×960mm　1/16		http://www.hepmall.cn	
印　　张	8.5			
字　　数	150千字	版　　次	2016年4月第1版	
购书热线	010-58581118	印　　次	2016年4月第1次印刷	
咨询电话	400-810-0598	定　　价	20.00元	

本书如有缺页、倒页、脱页等质量问题，请到所购图书销售部门联系调换
版权所有　侵权必究
物　料　号　45250-00

职业院校教师信息化教学能力提升培训教材（初级）
编写委员会

主　　任　　武马群

副主任　　魏　民　　程庆梅（兼秘书长）

主　　编　　谢传兵　　宋安国　　钱东东　　姚奇富　　袁晓玲　　徐　红

成　　员　　刘小芹　　李宏达　　王爱红　　李继锋　　郑日忠　　宗小忠

　　　　　　初逸侠　　孙晓雷　　张　良　　郑海涛　　朱旭刚　　彭　鸿

　　　　　　张　欣　　谢晓广　　杨万全　　易顺明　　李敏娇　　张宗国

　　　　　　曲文尧　　唐志红　　刘丽军　　孙晓庆　　朱　震　　刘丽丹

序 言

教师的教学能力决定教育的方式；教育的方式又决定人才的素质。我国的经济发展方式正在由粗放型转变为集约型，产业结构正在由能耗型转变为环保型，经济增长动力正在由投资拉动转变为创新驱动，这些都需要高素质人才队伍的支撑。因此，加快提高教师的教学能力，是对国民经济和社会发展的有力支持。

随着我国经济发展水平的提高，信息技术在教育教学过程中的应用越来越广泛，对学校和培训机构的教学过程与教学方式产生了深刻的影响，促进了学校教育和各类培训的教学改革。同时，也出现了一些值得注意的问题。例如，如何正确地运用不断更新的技术和装备，如何在新技术和装备的支持下创造更有利于培养高素质劳动力的教学方式，等等。要解决这些问题，需要对教师进行正确的指导，需要相关培训机构在深入研究的基础上对教师开展系统化的培训。

教育信息化是现代信息技术在教育领域各方面渗透、融合的过程。信息化教学是教师将信息技术和装备应用与教育教学过程充分结合，从而提高教学效率的现代教学形态。教师的信息化教学能力是教师开展信息化教学并取得更好教学效果的能力。为了指导和规范职业院校教师信息化教学能力提升的培训工作，教育部职业院校信息化教学指导委员会借鉴联合国教科文组织发布的"教师信息和通信技术能力框架"的内容，结合我国职业院校教师教学能力提升的需求，研究、编制了《职业院校教师信息化教学能力提升培训框架》。下表简明扼要地列出了培训框架的内容。

能力维度	能力等级		
	初级 （技能形成教育）	中级 （能力培养教育）	高级 （知识创新教育）
A. 信息化教学理念	模块 A1：信息化教学意识 具备职业教育教学改革政策知识，具有信息化教学改革相关意识	模块 A2：理解信息化教学 能够深入理解教改政策和技术装备在教学中的应用原则	模块 A3：信息化教学创新 深刻理解教学改革政策目标，能够设计、实施学校信息化教学发展计划

续表

能力维度	能力等级		
	初级（技能形成教育）	中级（能力培养教育）	高级（知识创新教育）
B. 课程组织与评估	模块B1：技能形成 能在信息化环境下依据课程标准，采用适当的技术和装备实施课程教学，评估学生的学习效果	模块B2：能力培养 深入理解课程内容，能在各种情境下灵活运用信息技术，设计复杂问题检验教学效果	模块B3：创新教育 在教育心理学指导下，能够预测并解决学生学习过程中遇到的各种问题
C. 教学法运用	模块C1：整合技术 能将信息技术和装备应用整合到教学过程中，运用适当的教学方法提升课堂教学效率	模块C2：解决问题 能开展以学生为中心的项目驱动式教学，运用技术和装备使学生接触广泛的实际问题	模块C3：探究学习 能结合学生感兴趣的课题，模拟探究式学习过程；构建情境，引导学生开展探究学习，掌握认知技能
D. 技术与装备运用	模块D1：基本工具 掌握信息化教学基本技能，了解常用装备和工具的性能以及在教学中的使用方法	模块D2：复杂工具 熟悉各种工具软件和网络，并能运用它们为学生提供资源、解决问题，进行监控和管理	模块D3：综合技术 能够设计基于信息化的知识社区，并运用信息化手段支持培养学生的探究式学习技能
E. 课堂教学与管理	模块E1：常规课堂 能够恰当使用信息技术和装备，在常规课堂教学中提高教学效果	模块E2：协作学习 创建灵活的课堂学习环境，能运用信息技术整合以学生为中心的教学活动	模块E3：学习型组织 能够培训同事并给予后续支持，建立和实施基于信息化的创新和持续学习社区
F. 学习与专业发展	模块F1：信息素养 具备必需的网络知识和运用能力，以便获得更多的资源和知识，促进自身专业发展	模块F2：网络学习 能创建和管理复杂项目，通过网络与同事和外部专家联系，支持自身的专业发展	模块F3：数字化学习大师 能够持续地开展科研探索，在信息化平台上创建基于知识创新的专业学习社区

上表列出了职业院校教师信息化教学能力提升的六个维度，说明教师的信息化教学能力主要由六个方面构成，即信息化教学理念、课程组织与评估、教学法运用、技术与装备运用、课堂教学与管理、学习与专业发展。表中还列出了教师信息化教学能力的三个等级，即初级（能够胜任教授学生技能的教育）、中级（能够胜任培养学生解决复杂问题能力的教育）和高级（能够胜任培养学生知识创新能力的教育）。教师信息化教学能力的每一个等级对能力的六个维度发展水平的要求是不同的，这样就形成了对教师开展能力提升培训的18门课程（模块）。

由于教育信息化基础设施、教师素养、课程内容的不同，教师信息化教学能力表现得也不尽相同。有的地区教育信息化基础设施完善，教学改革意识较强，但是在教学法运用方面未能深入研究与实践；有的地区教师素养较高，但是教育信息化设施欠缺。因此，无论是教师个体还是教师队伍整体，信息化教学能力的表现都是不全面的，如下图所示。

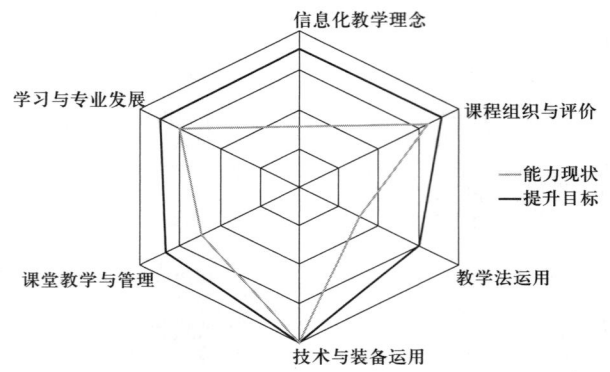

提高教师信息化教学能力的关键在于，在当前教师（队伍）信息化教学各项能力优势的基础上来改善能力不足的部分，使教师达到相应的教学能力水平要求，符合当地经济发展对人才培养质量的要求。

为加快推进职业教育信息化，并通过信息化促进职业教育现代化发展，教育部职业教育与成人教育司从 2010 年开始启动全国职业院校教师信息化教学大赛，至 2015 年已经举办了六届赛事。信息化教学大赛有力地推动了职业院校的信息化教学改革，促进了广大教师信息化教学能力的提升。为了配合大赛并引领和支持广大职业院校教师的职业能力发展，教育部职业院校信息化教学指导委员会培训专委会组织编写了这套"职业院校教师信息化教学能力提升培训教材（初级）"。全套教材共六本，分别是《信息化教学意识》（江苏谢传兵主编）《技能形成》（河南宋安国主编）《整合技术》（江苏钱东东主编）《基本工具》（浙江姚奇富主编）《常规课堂》（湖南袁晓玲主编）《信息素养》（山东徐红主编）。本套教材很好地诠释了职业院校教师信息化教学能力六个维度初级水平的要求，是开展教师能力提升的重要依据。

我国教育信息化正在快速发展，信息化教学改革创新在不断深化。本套教材将随着信息技术应用的发展，不断修订完善，为职业院校教师信息化教学能力提升提供持续的支撑。

教材的编写得到教育部职业教育与成人教育司教学与教材处刘俊博士的关注与支持，并得到高等教育出版社的大力帮助；许多职业教育信息化领域的同行也对教师培训框架和教材编写给予了很多指导，在此一并表示感谢。

武马群

2016 年 3 月

前 言

本书由教育部职业院校信息化教学指导委员会培训专门委员会（筹）组织，主要基于教育部职业院校信息化教学指导委员会研究开发的《职业院校教师信息化教学能力提升培训框架》的模块设计和模块培训大纲进行编写，用于对职业院校教师开展信息化教学能力提升培训。

本书主题为"技能形成"，即培养职业院校教师对学生开展职业技能形成教育时的课程组织与评估能力。本书内容包括课程标准的制定与学习、课程设计、教学组织形式与实施、信息化教学环境对教学的影响、教学评价与课程评估，主要围绕职业院校教师在信息化环境下进行课程教学组织、教学实施以及开展教学评价应具备的基本能力而组织培训内容。

为了实现提升职业院校教师信息化教学能力的目标，教材的编写与教师培训活动充分结合，引入任务驱动、小组合作、自主探究等教学理念，注重知识的导入方式及其应用的情境设计，让受训者在培训过程中通过完成任务，提升自己的信息化教学水平。教材内容注重实际培训过程的可操作性，注重理论与实践相结合，使培训内容具有较强的针对性和适应性。

本书由河南省职业技术教育教学研究室宋安国高级教师担任主编，河南省理工学校高级讲师李继锋、河南建筑职业技术学院高级讲师郑日忠担任副主编。教材编写组成员还有河南信息工程学校高级讲师谢晓广、郑州测绘学校高级讲师杨万全。

由于编者水平有限，不当之处在所难免，恳请广大读者批评指正。

编 者

2016 年 3 月

目 录

第1章 课程标准的制定与学习 1
   1.1 职业教育人才培养目标定位与教学标准 1
      1.1.1 职业教育人才培养目标定位 2
      1.1.2 学习和了解国家专业目录及相关标准 3
   1.2 学习和理解专业课程标准 13
      1.2.1 用信息化手段学习与分析相关专业课程标准 13
      1.2.2 使用信息化手段学习与理解专业教学标准
           的内涵及要求 14
   1.3 分析了解技能型人才培养模式 16

第2章 课程设计 29
   2.1 学习和理解现代教育技术与信息技术的关系 29
      2.1.1 教育技术的基本含义 31
      2.1.2 教育技术的由来及主要任务 32
      2.1.3 在职业教育中整合信息技术和现代教育技术 33
      2.1.4 信息技术支撑下的现代教育技术应用的误区 33
   2.2 学习和理解课程设计 35
      2.2.1 什么是课程设计 35
      2.2.2 课程设计的分类 37
   2.3 如何进行一门课的课程设计 37
      2.3.1 课程设计的依据、理念与思路 38
      2.3.2 课程设计的流程和方法 39
   2.4 如何进行一堂课的教学设计 41
      2.4.1 一堂课教学设计的环节 42
      2.4.2 授导型教学设计 50
      2.4.3 探究式教学设计 53

2.4.4 信息化教学设计　57

第3章 教学组织形式与实施　61
3.1 基于信息化教学环境的教学组织与实施　61
　　3.1.1 教学组织形式的含义与实施策略　62
　　3.1.2 基于信息化教学环境的教学组织和教学实施的研讨　64
　　3.1.3 信息化教学环境下出现的新的教学组织形式　65
　　3.1.4 信息化教学环境下优化教学组织与实施的策略　66
3.2 研讨教学组织与实施　71
　　3.2.1 教学实施的本质　72
　　3.2.2 翻转课堂的内涵　73
　　3.2.3 自主学习的实质　74
　　3.2.4 通过说课形式展示优化后的教学设计　76
3.3 教学实施反馈　79
　　3.3.1 传统教学实施后的反馈　80
　　3.3.2 信息化教学实施效果的反馈　82

第4章 信息化教学环境对教学的影响　85
4.1 信息化教学环境　85
　　4.1.1 信息化教学环境的构成要素　86
　　4.1.2 信息化教学环境的新特征　87
4.2 教学媒体　88
　　4.2.1 教学媒体的概念　89
　　4.2.2 教学媒体的作用　89
4.3 教育信息资源　90
　　4.3.1 教育信息资源的概念及特点　92
　　4.3.2 教育信息资源的作用　93
　　4.3.3 教育信息资源的合理使用　94
　　4.3.4 新形式教学资源介绍　95
4.4 信息技术对教学的影响　99
　　4.4.1 信息技术在教学中应用的误区　100
　　4.4.2 信息技术的合理使用　102

4.4.3　信息技术与课程的整合　103

第5章　教学评价与课程评估　107

4.4　5.1　教学评价　107
- 5.1.1　信息化教学评价的基本概念　108
- 5.1.2　信息化教学评价流程　110
- 5.1.3　信息化教学评价的常用方法　111

5.2　课程评估标准　114
- 5.2.1　课程评估的概念及意义　116
- 5.2.2　课程评估的模式和原则　116

5.3　课程评估策略　117
- 5.3.1　制订课程评估策略　117
- 5.3.2　用信息化手段进行课程评估　118

第 1 章 课程标准的制定与学习

进入 21 世纪以来，随着社会主义市场经济的进一步完善，社会对职业院校毕业生的需求量也越来越大，职业教育跨入了发展的快车道。由于职业教育形式多样，有国家办学、企业办学、社会办学等形式，而且近年来国家又在强调全民教育、终身教育；同时，职业教育本身具有多专业、跨度大的特点。所以职业教育亟须一个全行业共同遵守的课程标准，为所有职业院校提供统一的路线方法和考核依据。

专业教学标准是由国家教育主管部门组织制定的、开展专业教学的基本文件，是明确培养目标和规格、组织实施教学、规范教学管理、加强专业建设、开发教材和学习资源的基本依据，是评估教育教学质量的主要标尺，是社会用人单位选用职业学校毕业生的重要参考，也是确定职业学校升学考试的重要依据。

学习要点

- 利用网络熟悉职业教育国家专业目录
- 学习了解专业教学标准
- 分析了解技能型人才培养模式
- 熟练掌握本专业课程标准中的知识与技能

1.1 职业教育人才培养目标定位与教学标准

情境描述

职业教育是社会教育的重要组成部分，职业院校的教育教学任务是为社会培养技术应用型人才。为了培养出满足行业企业工作岗位需求的技能型人才，教育部指出要建立指导和管理职业院校教学工作的主要依据，保证教育教学质量和人才培养规格的纲领性教学文件，因此启动了职业专业教学标准的建设工作。

通过专业教学标准的制定和规范，可以保证全国职业院校按照统一的标准培养优秀技术技能型人才，以满足经济社会对高素质劳动者和技术技能型人才的需要，全面提升职业教育专业设置、课程开发的专业化水平。

完成任务

教师布置任务，学员根据教师布置的任务，结合自己拥有的各种网络信息检索方法进行信息检索，检索内容是国家颁布的职业院校专业目录。学员检索完成后要对专业目录中相关专业的人才培养目标定位进行学习分析，然后在组内进行交流讨论。

知识与技能

1.1.1 职业教育人才培养目标定位

2014年6月，教育部再次从国家层面强调职业院校要准确定位人才培养目标。职业教育不再把毕业生定位在产业工人，而是要转变观念，为中高端产业输送技能人才。

当前我国经济增长正在由要素驱动和投资驱动向创新驱动转换，技术进步和产业转型升级使一线劳动者内涵发生深刻变化，迫切需要我国职业教育人才培养向中高端发展。职业院校要及时调整院校布局和专业设置，提升面向一、二、三产业的人才培养能力。

职业院校在培养学生时，要着眼于学生的全面发展，不能只传授一技之长；要注重立德树人和文化素质、职业素养、专业技能培养，为人才的全面发展夯实基础。

1. 规范教学

职业院校在开展教育教学活动时，要按照国家和地方的相关专业教学标准进行课程的开设和教学，使得职业教育的教学有标准可依据，课程有标准可执行,学生有标准可考核。

要规范教学计划,优先选用国家规划教材,杜绝课程开设较为随意、使用低水平自编教材等现象,同时要适应生源变化、学制变化、人才培养模式改革等新情况,不断完善专业人才培养方案。

2. 加强文化基础教育

文化基础课程是职业教育必不可少的部分,要在保证课时的基础上进行改革,使基础课程适应职业教育的培养目标,让学生能够在基础课程中学习到工作岗位上要用到的相关技能,而不是一味学习从高中阶段照搬过来的文化知识。

3. 强调技能训练

技能训练是职业教育的培养重点,所以在整个教学过程中都要予以强调。不仅是本岗位的技能,本专业的其他技能,相关专业的技能和通用型技能也是技能训练过程中要注意的重要部分。

4. 引进企业文化,加强职业素养

企业文化进入校园,可以让学生在日常学习中耳濡目染,于无声无息中感受和习惯企业工作岗位的要求。平时在一点一滴中形成职业素养,走上工作岗位后就可以快速适应企业的工作环境,保持良好的工作状态。

5. 中华优秀传统文化教育融入课程和教材体系

在相关课程中增加中华优秀传统文化内容比重,各地、各职业院校要充分挖掘本地中华优秀传统文化教育资源,开设地方课程和校本课程。

1.1.2 学习和了解国家专业目录及相关标准

1. 国家专业目录及相关标准

2014 年,教育部公布了首批《中等职业学校专业教学标准(试行)》目录(见表 1-1)涉及 14 个专业类的 95 个专业教学标准,专业教学标准将成为评估教育教学质量的主要标尺,同时也将是社会用人单位选用中等职业学校毕业生的重要参考。

表 1-1 2014 年教育部公布的首批《中等职业学校专业教学标准(试行)》目录

专 业 类	专业代码	专 业 名 称
01 农林牧渔类	011100	棉花加工与检验
	011300	现代林业技术

续表

专 业 类	专业代码	专 业 名 称
01 农林牧渔类	011400	森林资源保护与管理
	011600	园林绿化
	011700	木材加工
	012700	农业机械使用与维护
	012900	农业与农村用水
	013300	土地纠纷调解
02 资源环境类	020900	地图制图与地理信息系统
	021400	矿山机电（金属矿方向）
	021600	矿井建设（金属矿方向）
03 能源与新能源类	031000	水电厂机电设备安装与运行
	031100	水泵站机电设备安装与运行
04 土木水利类	040100	建筑工程施工
	040200	建筑装饰
	040500	工程造价
	040700	楼宇智能化设备安装与运行
	041100	给排水工程施工与运行
	041200	市政工程施工
	041500	水利水电工程施工
	041600	工程测量
	041800	工程机械运用与维修
05 加工制造类	050100	钢铁冶炼
	050200	金属压力加工
	050400	钢铁装备运行与维护
	050700	有色金属冶炼
	051100	机械制造技术
	051200	机械加工技术
	051300	机电技术应用

续表

专 业 类	专业代码	专业名称
05 加工制造类	051400	数控技术应用
	051500	模具制造技术
	051600	机电设备安装与维修
	051700	汽车制造与检修
	051800	汽车电子技术应用
	052200	焊接技术应用
	052300	机电产品检测技术应用
	052400	金属表面处理技术应用
	052500	工业自动化仪表及应用
	052700	电机电器制造与维修
	052900	制冷和空调设备运行与维修
	053000	电气运行与控制
	053100	电气技术应用
06 石油化工类	060100	化学工艺
	060200	工业分析与检验
	060400	化工机械与设备
	060500	化工仪表及自动化
	060600	精细化工
	060700	生物化工
	060800	高分子材料加工工艺
	060900	橡胶工艺
07 轻纺食品类	070400	纺织技术及营销
	071300	粮油饲料加工技术
	071400	粮油储运与检验技术
08 交通运输类	080700	城市轨道交通运营管理
	080800	城市轨道交通车辆运用与检修
	080900	城市轨道交通供电
	081100	船舶驾驶
	081300	船舶水手与机工

续表

专 业 类	专业代码	专业名称
09 信息技术类	090100	计算机应用
	090200	数字媒体技术应用
	090300	计算机平面设计
	090400	计算机动漫与游戏制作
	090500	计算机网络技术
	090600	网站建设与管理
	090800	软件与信息服务
	090900	客户信息服务
	091000	计算机速录
	091200	电子与信息技术
	091300	电子技术应用
10 医药卫生类	100100	护理
	100200	助产
	100300	农村医学
	101100	药剂
	102000	制药技术
	102400	制药设备维修
12 财经商贸类	120900	连锁经营与管理
	121000	市场营销
	121100	电子商务
	121200	国际商务
	121900	物流服务与管理
	122000	房地产营销与管理
13 旅游服务类	130100	高星级饭店运营与管理
	130200	旅游服务与管理
	130300	旅游外语
	130500	景区服务与管理专业

续表

专 业 类	专业代码	专业名称
14 文化艺术类	140900	舞蹈表演
	141300	杂技与魔术表演
	142100	美术绘画
18 公共管理与服务类	180100	办公室文员
	180200	文秘
	180400	公关礼仪
	180700	物业管理
	181000	社区公共事务管理
	181400	老年人服务与管理
	181500	现代殡仪技术与管理

2. 利用网络检索学习的技巧

（1）利用网络了解我国职业教育专业设置情况。

为规范职业院校的教育教学，教育部制定了职业院校的专业目录、专业教学标准等相关文件。职业院校一线教师可以利用信息化时代的网络工具进行查找和学习。

任务 每位学员利用网络检索教育部下发的专业目录，并对专业目录进行学习，开展小组讨论。

任务内容及目标：学员根据任务检索专业目录，组内讨论交流以得到结果。

步骤建议：

① 如果学员已有百度账号，可使用以下方法下载文档。

打开浏览器，在地址栏中输入网址 https：//www.baidu.com/，进入百度搜索界面（如图1-1所示）。

在百度搜索中输入关键字进行信息检索，关键字要尽量准确，直接输入要搜索内容的核心字词。为了缩小搜索的范围，将搜索关键字设定为"中等职业学校专业目录"（如图1-2所示）。在关键字窗口输入后单击"百度一下"进行搜索。

对检索到的信息进行分析下载，进入"中等职业学校专业目录"网页搜索结果界面（如图1-3所示），单击第一条进入下载网站。

图1-1　百度（https：//www.baidu.com）网站界面

图1-2　在百度搜索引擎中输入"中等职业学校专业目录"

图1-3　进入"中等职业学校专业目录"网页搜索结果界面

单击页面右上角"登录"超链接，输入用户名和密码，登录百度账号（如图1-4所示），下载专业目录。

图1-4　登录百度账号界面

进入百度文库"中等职业学校专业目录"后（如图1-5所示），单击"下载"按钮，即可下载文档。

图1-5　百度文库"中等职业学校专业目录"

② 如果学员没有百度账号，可以使用以下两种方法下载文档。

方法一　使用"百度快照"下载文档。

在进入"2014年中等职业学校专业目录"网页搜索界面（如图1-3所示）之后，单击搜索内容后的"百度快照"，如图1-6所示。

图1-6 单击"百度快照"

打开"2014年中等职业学校专业目录"的"百度快照"界面,如图1-7所示。

图1-7 "2014年中等职业学校专业目录"的"百度快照"界面

复制"2014年中等职业学校专业目录"的文本文档,打开记事本,将复制的内容粘贴到记事本中(如图1-8所示)并保存即可。

注意:使用"百度快照"的方法只能下载文本文档。

百度文库中的有些文档是要收费的,收费的形式为扣减积分,可以通过充值获得积分,也可以在注册后上传文档内容赚取积分。

目 的原则意见》的通知 教职成[2000]8 号 录 关于印发《中等职业学校专业目录》和《关于中等职业学校专业设置管理 附件一：中等职业学校专业目录 附件二：关于中等职业学校专业设置管理的原则意见 专业简介 01 农林类 0101 种植 * 0102 农艺 0103 园艺 0104 蚕桑 0105 养殖 * 0106 畜牧兽医 * 0107 水产养殖 0108 野生动植物保护 0109 农副产品加工 0110 棉花检验加工与经营 * 0111 林业 * 0112 园林 * 0113 木材加工 * 0114 林特产品加工 0115 森林资源与林政管理 0116 森林采运工程 0117 农林经济管理 * 0118 农业机械化 * 0119 航海捕捞 02 资源与环境类 0201 国土资源调查 * 0202 地质调查与找矿 0203 放射性矿产普查与勘探 0204 水文地质与工程地质勘察 0205 地球物理与地球化学探矿 0206 地震监测技术 0207 宝石鉴定与加工 0208 岩土工程技术 * 0209 勘探与掘进 * 0210 采矿技术 * 1 0211 矿山机械运行与维修 0212 矿井通风与安全 0213 测量工程技术 * 0214 地图制图与地理信息 0215 航空摄影测量 0216 环境保护与监测 * 0217 环境监理 0218 生态环境保护 * 0219 环境治理技术 0220 辐射测量 0221 水文与水资源 0222 水土保持生态安全 0223 气象 * 0224 高空气象探测 0225 海洋观测 03 能源类 0301 选煤 0302 石油开采 0303 轴矿开采 0304 电厂热力设备运行 * 0305 反应堆及核电厂运行 0306 水电厂机电设备运行 0307 电厂热工仪表及自动装置维护与调试 0308 电厂水处理及化学监督 0309 电厂热力设备安装与检修 0310 电厂热力设备安装与检修 0311 电厂与变电站电气运行 * 0312 继电保护及自动装置维护与调试 0313 电厂及变电站电气设备安装与检修 0314 水电站与水泵站电力设备 0315 输配电线路施工、检修与运行 0316 电力电缆运行与施工 0317 供用电技术 * 0318 电气化铁道供电 0319 农村能源开发与利用 0320 电力营销 04 土木水利工程类 0401 工业与民用建筑 * 2 0402 建筑装饰 * 0403 城镇建设 0404 建筑经济管理 * 0405 古建筑营造 0406 土建工程与材料质量检测 0407 建筑材料 * 0408 电气设备安装 0409 供热通风与空调 0410 给水与排水 0411 市政工程施工 * 0412 公路与桥梁 * 0413 铁道施工与养护 0414 水利水电技术 * 0415 农业水利技术 * 0416 水利工程建筑施工 0417 港口与航道工程施工 * 0418 矿井建设 * 0419 船体建造与修理 05 加工制造类 * 0501 机械制造技术 * 0502 金属压力加工技术 * 0503 冶金热能技术 0504 碳素材料技术 0505 粉末冶金 0506 有色金属冶炼 0507 机械制造与控制 * 0508 汽车制造 0509 机械加工技术 * 0510 机电技术与应用 * 0511 数控技术应用 * 0512 模具设计与制造 * 0513 机电技术应用 * 0514 制冷和空调设备运用与维修 * 0515 电气运行与控制 * 0516 电气技术应用 * 0517 电机与电器 * 0518 船体建造与修理 * 0519 船舶机械装置 * 0520 金属热加工工艺 * 0521 金属热加工工艺焊接 * 0523 金属表面处理 0524 水工金属结构制作与安装 0525 仪器仪表 0526 光电仪器制造与维修 0527 飞行器制造工艺 0528 飞行器控制设备与仪表 0529 飞行器非金属材料成型工艺 0530 电子电器应用与维修 * 0531

图1-8 将"中等职业学校专业目录"保存至记事本

除了百度文库，还有一些其他的资料数据库也是收费的，如中国知网、万方数据库、论文检索系统等，它们提供了大量的资料。如果没有这些账号，也可以尝试使用第三方软件进行下载，目前经常使用的包括冰点下载、道客巴巴、迅雷、QQ旋风等。

除了下载软件外，也可以在论坛、微博、QQ群等交流平台上寻求帮助，通常可以获得网友提供的相关文件。

方法二 如果没有百度文库等网站的收费账号，可以使用冰点、道客巴巴等文档下载器免费下载文档，这些软件支持百度、豆丁、丁香、畅享、MBALib、HP009、MAX、Book118等文库文档的下载。

使用迅雷、QQ旋风等第三方下载工具下载冰点或道客巴巴等文档下载器。

打开冰点文档下载器，如图1-9所示。

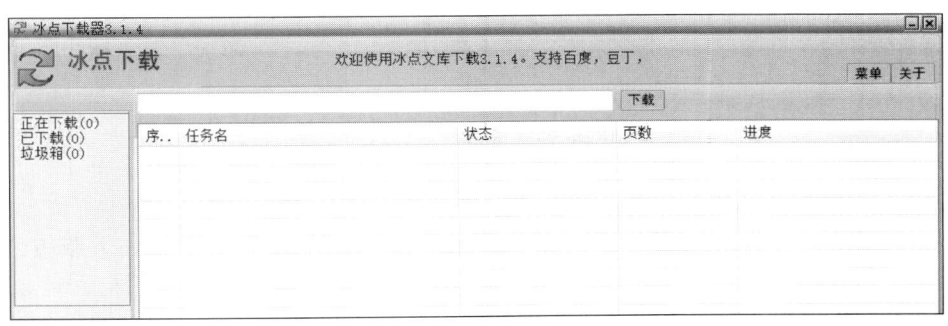

图1-9 冰点文档下载器界面

第1章 课程标准的制定与学习

选择冰点文档下载器"菜单"中的"系统设置"命令，如图1-10所示，在弹出的对话框中设置文档的下载保存路径，然后单击"确定"按钮。

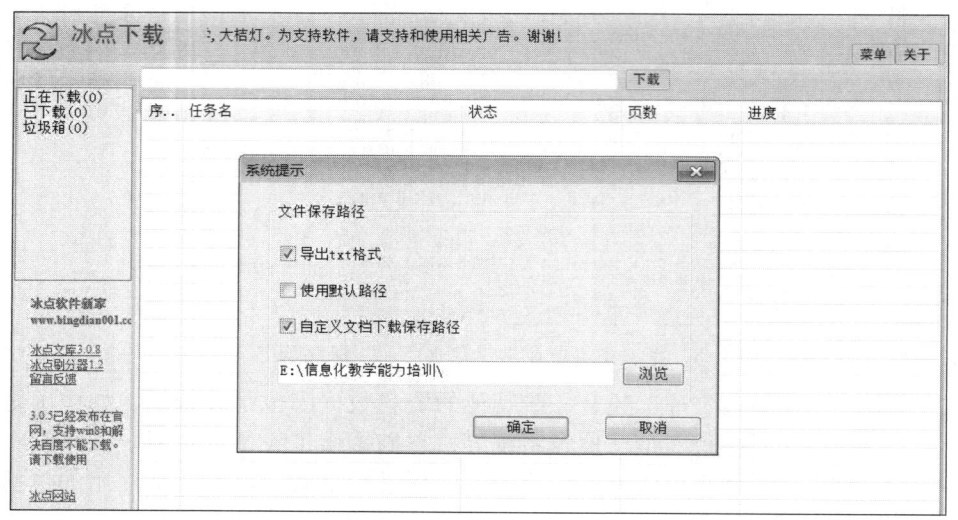

图1-10　冰点文档下载器的系统设置选项

将需要下载的文档网页地址（见图1-4中地址栏信息）复制到下载地址栏中，如图1-11所示，并单击下载。

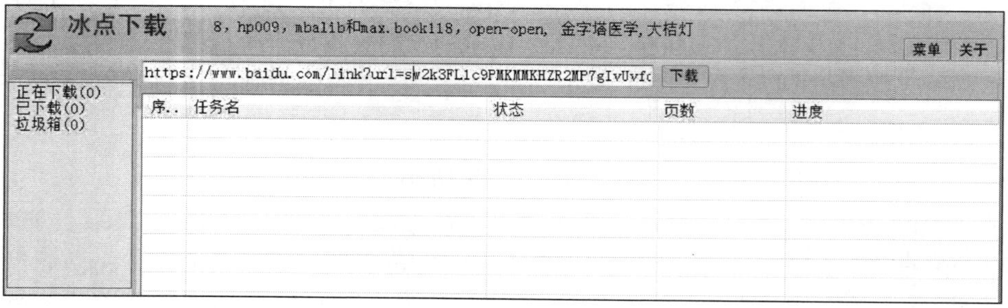

图1-11　复制网址到冰点文档下载器的下载地址栏中

查看下载过的PDF文件或记事本文档，并进行小组讨论。

（2）利用网络搜索国家相关专业教学标准并进行研讨。下载方法同上。

可以寻找本小组内专业相近的专业教学标准，并且可以搜索不同历史阶段、不同地区的教学标准进行下载，为后面的对比分析做准备。

1.2 学习和理解专业课程标准

情境描述

课程标准中有全面的教学过程和要求，在专业课程教学中，任课教师要按照教学标准进行课程的备课，制订授课计划，做好实习实践教学，进行教学考核，等等。

由于不同的地区、不同的专业、不同层次的学校都可能有不同的教学标准，所以要利用信息化手段进行对比学习，根据实际情况确定适用本校本专业的课程标准。

计算机专业教师杨老师本学期接受了《计算机网络基础》课程的教学任务，该课程是各个专业都要开设的，但有的专业是作为专业核心课程，有的专业是作为选修课程，杨老师要根据不同的课程教学标准进行教学准备。

在进行准备的过程中，杨老师要对不同时期、不同地区的教学标准进行对比，还要对不同课程的比例进行分析，得出基础课、专业基础课、专业课程各自的设置，最后结合自己地区和学校的实际情况，制订本课程的教学标准。

完成任务

教师布置任务，学员进行网络检索，针对某个专业，搜索下载不同地区、不同时期的专业教学标准进行对比，再提出针对自己课程的调整建议。

知识与技能

1.2.1 用信息化手段学习与分析相关专业课程标准

我国职业教育的课程标准制定工作从清末民初开始到现在已经有

100多年的历史,目前相关的课程标准有国家教育部门制定颁布的,也有各省市地方教育部门制定颁布的。本节阐述如何用信息化的手段对不同的课程标准进行分析,找到适合本地的相关标准,或者建设本地、本校的课程标准。

任务 使用Word中的分屏方式,对下载的教学标准进行研讨。

先打开两个文档,然后从一个文档的"视图"菜单中选择"并排比较"命令,如图1–12所示。针对某一个专业,搜索下载不同地区、不同时期的专业教学标准进行对比,再提出针对自己课程的调整建议。

在进行并排查看的时候,可以将两个文件同步滚动,这样可以使两个文档基本上同步显示相同的章节。

步骤建议:

① 上网检索下载,找到上海市中等职业学校计算机网络技术专业教学标准和河南省中等职业学校计算机网络技术专业教学标准。

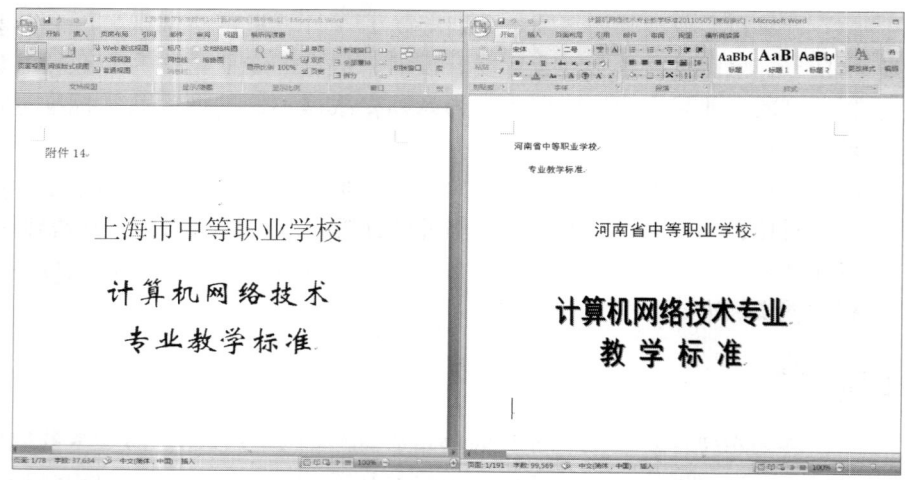

图1–12 并排比较效果图

② 组内进行讨论。

③ 形成调整建议,完成任务。

1.2.2 使用信息化手段学习与理解专业教学标准的内涵及要求

不同的专业教学标准有不同的针对性,在进行实际教学之前,要对课程标准进行分析，特别是要注意课程结构的变化，理解教学标准的内涵。

步骤建议：

① 准备不同时期、不同地区的专业教学标准。

② 在 Excel 中建立表格，将两个标准中的课程进行分类，设置分类标题，输入课程。

使用 Excel 中的饼状图，在专业教学标准中，对不同性质课程所占比例进行分析，分别生成河南省及上海市的中等职业学校计算机网络技术专业教学标准饼状图，如图 1-13、图 1-14 所示。

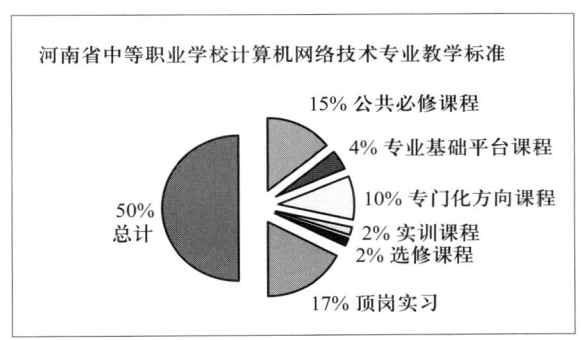

图 1-13　河南省中等职业学校计算机网络技术专业教学标准课程饼状图

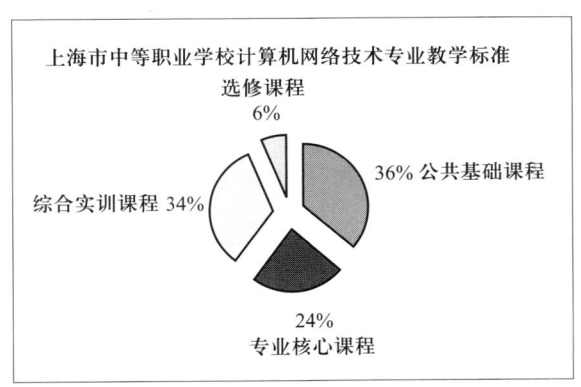

图 1-14　上海市中等职业学校计算机网络技术专业标准课程饼状图

③ 按照相关专业教学标准中的课程标准框架，制订适合自己所教课程的课程标准。

④ 请本组成员结合本次分析的过程，总结信息化技术（Excel 表格）在教学分析过程中的作用。

1.3 分析了解技能型人才培养模式

情境描述

在市场经济条件下,职业院校面临许多机遇,但也面临着严峻的挑战。由于经济形势的发展,各行各业的变化都十分迅速。目前最重要的任务是如何在日益严峻的竞争中保持办学优势,积极主动地创新人才培养模式,培养出技术技能型人才。

他山之石,可以攻玉。在技能人才的培养方式上,需要了解国内外其他地区的技能型人才的培养情况,将他们的培养模式中的优势为我所用,并根据本地区的行业发展情况进行调整,服务当地经济,创新培养模式。

完成任务

任务一 了解国内外技能型人才培养情况

随着信息化的普及,世界的交流日益频繁,各行各业都需要技能型的人才。各国培养技能人才的方式多种多样,可以参考和学习他国的培养模式,作为本地区或者本校创新人才培养模式的参考。

技能型人才的培养是国家的大政方针,有持续的相关文件和报道,所以有很多公开资料可以参考。建议使用各种搜索方式,寻找相关的资料进行对比。可以根据检索到的国内外技能型人才培养情况填写表1-2,并进行汇总。

表1-2 技能型人才培养情况交流记录表

	1	2	3	4
国外技能型人才培养情况				
国内技能型人才培养情况				

提示:本表中典型培养模式有很多种,不同的国家、不同的行业,都可以有相适应的培养模式。

任务二 分析技能型人才的特点及信息化教学环境下的培养方式

根据任务一中国内外技能型人才培养的情况分析,以及自己在职业院校教学一线对教学情况的实际感受,对技能型人才的特点进行分析,将分析结果填入表 1-3 中,并在小组内进行讨论交流。

表 1-3 技能型人才的特点

特　　点	自己的分析	分组交流讨论结果
特点 1		
特点 2		
特点 3		
特点 4		

由于移动互联网和物联网的飞速发展,信息技术已经渗透到学习和生活的各个方面,特别是在职业技能培养与素质教育中,许多学校的教师都找到了很多与时代发展相适应的方法。这些培养方法有微课等形式的教学,也有 QQ 等形式的交流,还有微信等形式的通知,更有网上课程、论坛激励、微商实战等形式的学习和实践。

根据技能型人才的特点进行思考分析,考虑在信息化教学环境下如何进行技能型人才的培养,梳理出信息环境下的培养方式和传统的技能型人才培养方式的不同之处,并填入表 1-4 中。

表 1-4 技能型人才的培养方式比较

教 育 环 节		自己的分析	分组交流讨论结果
备课环节	传统培养方式		
	信息环境方式		
课堂教学	传统培养方式		
	信息环境方式		
课下教学	传统培养方式		
	信息环境方式		
课余交流	传统培养方式		
	信息环境方式		
班级管理	传统培养方式		
	信息环境方式		
家校沟通	传统培养方式		
	信息环境方式		

课堂训练

网络搜索是指利用搜索引擎对互联网上的信息进行搜索。用户输入关键词进行检索，搜索引擎从索引数据库中找到匹配该关键词的网页。为了用户便于判断，除了网页标题和 URL，还会提供一段来自网页的摘要及其他信息。

网络搜索目前不仅可以利用门户网站内的搜索进行搜索和下载，而且可以利用各类搜索页面，如网页、论坛、文库、网盘等进行搜索和下载。

1. 网络搜索技巧。

（1）确定合适的搜索网站。不同的网站，或者说不同的搜索引擎，所设计针对的搜索内容和范围都是不同的，因此在进行搜索时，需要确定合适的搜索引擎。

如要寻找信息化教学设计大赛的权威信息，则可以直接到全国信息化教学设计大赛的官网进行查找。在百度搜索引擎中搜索"全国信息化教学设计大赛"，进入"全国信息化教学设计大赛"搜索界面后（如图1-15所示）单击"欢迎光临全国职业院校信息化大赛官方网站"。

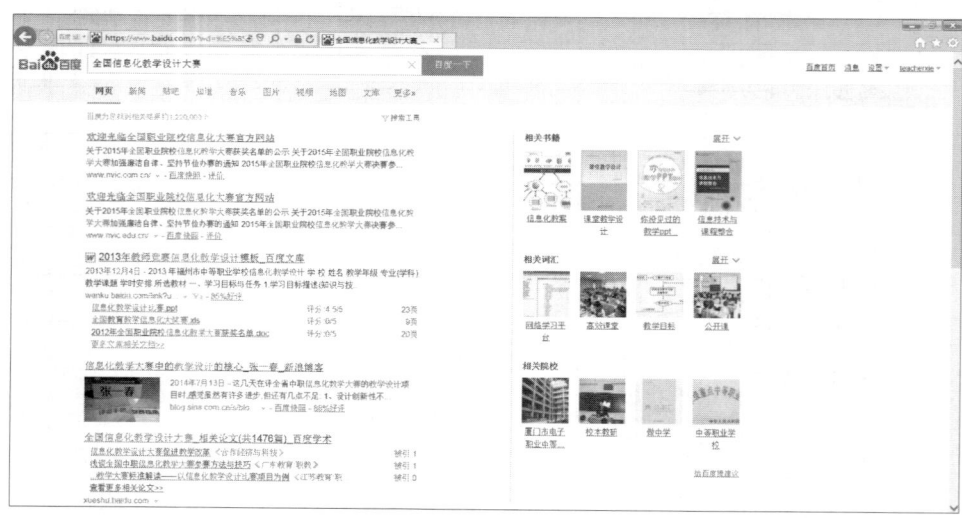

图1-15　进入"全国信息化教学设计大赛"网页搜索界面

进入全国职业院校信息化教学大赛官网,如图 1-16 所示。

图 1-16　全国信息化教学设计大赛界面

如要进行文档的下载,可以付费使用百度文库、万方数据库等。

在百度网站中单击"更多产品"中的"文库"图标,如图 1-17 所示。进入百度文库首页,如图 1-18 所示。

图 1-17　百度网站首页中的文库菜单位置

在百度中搜索万方数据库,其首页如图 1-19 所示。

图1-18　百度文库首页

图1-19　万方数据库首页

如要进行某些产品的查找,可以通过专业购物网站搜索,例如,电子产品在京东上,服装在唯品会上,图书在当当网上,等等。在百度中搜索京东网站,其首页如图1-20所示。

在百度中搜索唯品会网站,其首页如图1-21所示。

在百度中搜索当当网站,其首页如图1-22所示。

(2) 确定合适的关键字。进行搜索时,合适的关键字是很重要的。关键字应该准确、标准,如果一时不能得到满意的结果,可以再进行调

图 1-20　京东网站首页

图 1-21　唯品会网站首页

整,调整的思路是模糊化,把搜索范围扩大。

(3)提问。有很多网站都可以通过网友的互动来提供不同类型的答疑,如百度知道、作业帮等,这些网站除需要注册外,还要上传相关的提问内容,而且获得回答需要等待一定的时间,所以通过这种方式获得帮助需要提前准备。

图 1-22　当当网网站首页

2. 网络搜索分类

（1）搜索网页。

打开百度（https://www.baidu.com/）网站，在搜索框中输入需要搜索的网页名称。

（2）搜索视频、图片、音乐。

① 搜索视频。单击百度首页右上角的"更多产品"按钮，然后单击"全部产品"链接，如图 1-23 所示。

图 1-23　单击"全部产品"按钮

选择"视频"选项，如图 1-24 所示。

图 1-24　百度网站中的视频搜索选项

进入视频搜索页面，如图 1-25 所示。

图 1-25　百度视频搜索页面

② 搜索图片。在百度产品大全页面上选择"图片"选项，进入图片搜索页面，如图 1-26 所示。

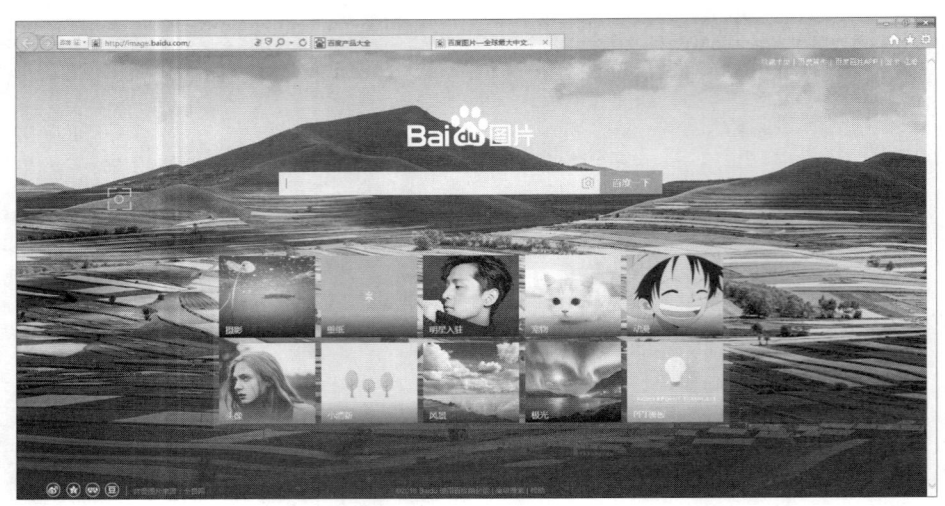

图 1-26　百度图片搜索页面

③ 搜索音乐。在"百度产品大全"页面上选择"音乐"选项，进入搜索音乐页面，如图 1-27 所示。

图 1-27　百度音乐搜索页面

（3）利用论坛搜索资料。

① 打开百度网站，搜索"职教圈论坛"。

② 进入职教圈论坛网站首页（如图 1-28 所示），使用邮箱注册职教圈。

③ 注册界面如图 1-29 所示，填写注册信息并提交信息，之后进入

邮箱验证完成注册。

图 1-28　职教圈论坛网站首页

图 1-29　职教圈论坛注册界面

④ 选择需要查找资料的论坛板块（如图 1-30 所示），如"教学评估"板块。

⑤ 单击文档下载链接进行下载，如图1-31所示。

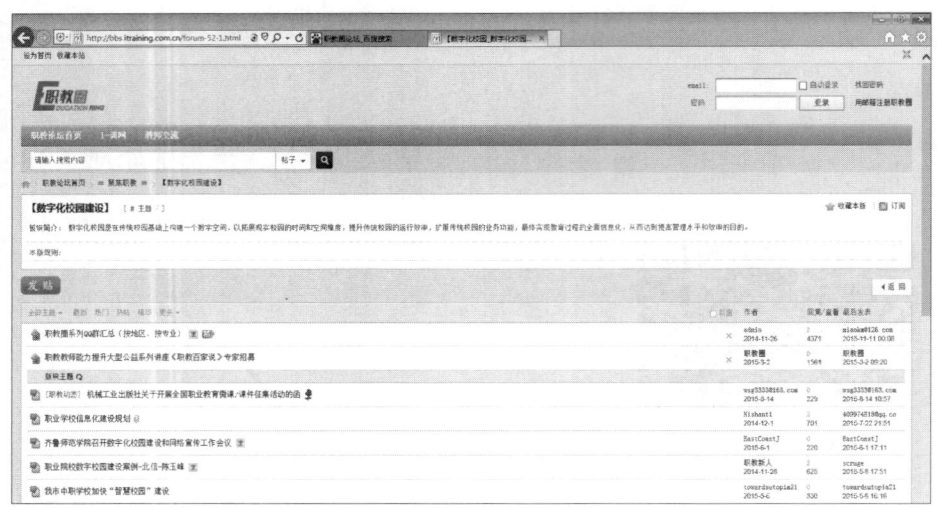

图1-30　职教圈论坛教学评估板块

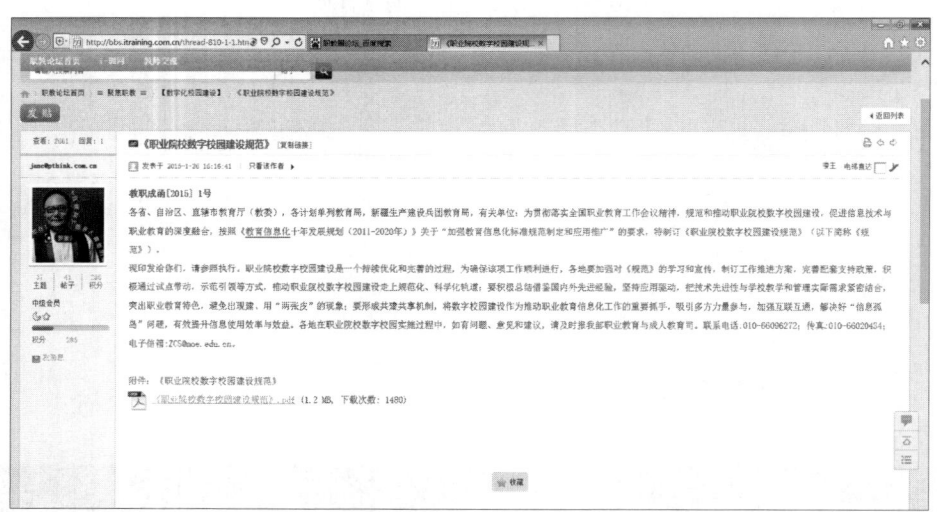

图1-31　职教圈论坛文档下载链接

课　后　训　练

1. 网上查询精品课程评估。

2. 网上查询职业院校示范校建设的课程体系结构。

拓 展 资 料

1. 文献

朱俭.计算机搜索技术及技巧.北京：机械工业出版社，2013.

2. 网页

http://www.nvic.com.cn/FrontEnd/ZZBMDS/index.aspx 全国职业院校信息化大赛官方网站。

第 2 章
课程设计

课程是指学校教师对学生所应学习的学科总和及其教学进程的系统安排，是由一系列的课组成的。对于职业院校而言，课程包括文化基础课程（含德育课、体育课）、专业理论课程、实践技能课程、工学一体化课程等。教师要想圆满完成一门课程的全部教学任务，就要以职业岗位需求为切入点对整门课程进行完整的课程设计。而要上好每一堂课，就要进行完整的课堂教学设计。在教学设计过程中，要以学生为中心，充分了解学生的情况，对学习内容进行深度分析、精准把握，确定合适的学习目标，设计恰当的教学策略，选择适宜的教学媒体和学习资源，精心做好课堂所有教学环节的系统化教学设计。

学习要点
- 学习和理解现代教育技术与信息技术的关系
- 学习和理解课程设计
- 理解一门课的课程设计
- 掌握一堂课的教学设计

2.1 学习和理解现代教育技术与信息技术的关系

情境描述

由于各国教育水平和信息技术发展水平存在差异，教育技术在不同的国家经历了不同的发展过程。一般来说，发达国家的教育技术是在视觉教育、视听教育、教育传播的基础上发展起来的，而我国则是在 20 世纪电化教育的基础上发展起来的。

从教育改革的发展来看，现代教育技术已经成为贯彻现代教育理念、支持革新教学模式及方法的重要促进因素。

完成任务

任务　学习和理解教育技术

（1）利用自己掌握的方法检索教育技术的相关知识，并将这些知识自我消化理解。

（2）结合步骤（1）的结果，进行分组讨论：

您是如何理解教育技术的？

您还了解哪些教育技术术语？

请将您对教育技术及相关术语的理解填写在表 2-1 中。

表 2-1　教育技术的含义及专业术语的理解表

专 业 术 语	自 己 的 理 解	获 得 渠 道

（3）在讨论过程中，可以选择一些自己感兴趣的议题或专业术语，并有目的地听取大家对这些议题或术语的看法，同时注意自己原有的理解有没有发生变化。在交流过程中，请记录关键点，填写表 2-2。

表 2-2　教育技术含义交流记录表

	1	2	3	4
比较感兴趣的议题				
比较感兴趣的术语				
他人对教育技术理解中的优点				
自己对教育技术的新理解				

思考：教育技术和信息技术是一回事吗？二者有何区别和联系？（具体可参考 2.1.3 小节）。

知识与技能

2.1.1 教育技术的基本含义

1994年美国教育传播与技术协会（AECT）对教育技术做出如下定义：

Instructional technology is the theory and practice of design, development, utilization, management, and evaluation of processes and resources for learning.

目前国内一般将上述定义译为：教育技术是关于学习过程和学习资源的设计、开发、运用、管理和评价的理论与实践。上述定义明确地指出了教育技术的两个研究对象（学习过程、学习资源）和五个研究领域（设计、开发、运用、管理和评价）。

这一定义通常被称为 AECT 1994 定义。

在 AECT 1994 定义中刻意将教育技术的研究范围聚焦于教学技术，并在其附加说明中指出使用这一名称是为了突破其应用范围的限制——教学技术既适合于教育领域，又可用于企业训练领域。AECT 1994 定义的教育技术的概念框架可以用图 2-1 来表示。

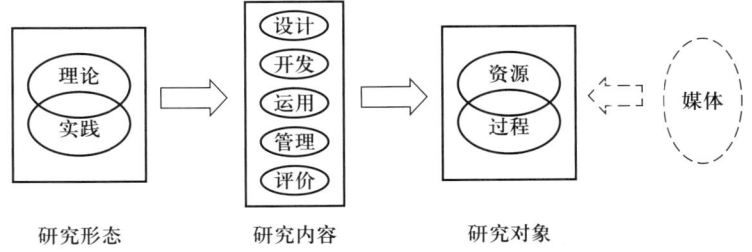

图 2-1　AECT 1994 定义的教育技术的概念框架

2004 年 6 月，AECT 对教育技术定义作了进一步修订，修改后的定义表述为："Educational technology is the study and ethical practice of facilitating learning and improving performance by creating, using, and managing appropriate technological processes and resources."

该定义翻译成中文即"教育技术是通过创建、利用、管理适当的技术过程和资源以促进学习与改进绩效的研究和合乎伦理道德的实践"。这一定义通常被称为 AECT 2005 定义。

AECT 2005 定义的新的教育技术概念框架可以用图 2-2 来表示。

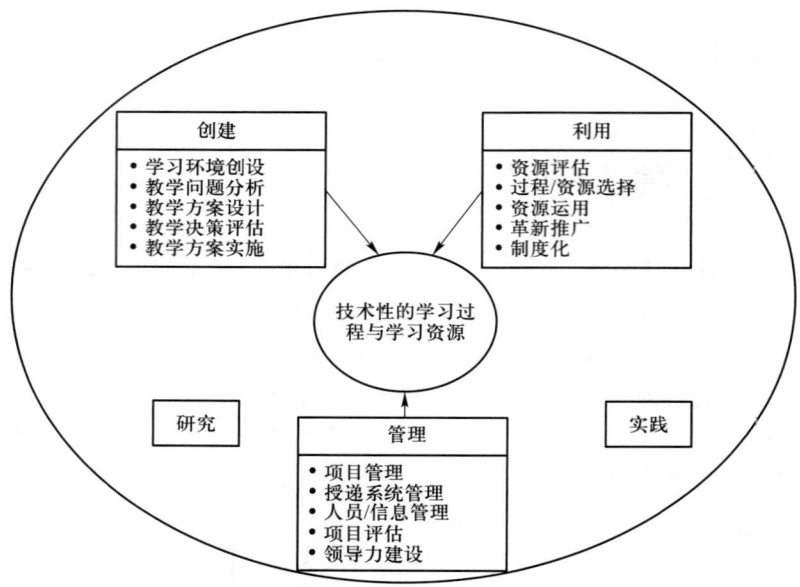

图 2-2　AECT 2005 定义的教育技术的概念框架

AECT 2005 定义采用的是"教育技术"（educational technology），而 AECT 1994 定义采用的是"教学技术"（instructional technology）。长期以来关于二者的争论一直存在。这两个术语一般被认为是同义的。但是 AECT 2005 定义采用教育技术的提法，倾向于认为"教育"要比"教学"的含义广阔得多。采用"教育技术"比采用"教学技术"能够更好地描绘出教育领域的现状、涉及范围及未来的发展趋势。

在我国，教育技术通常定义为：运用各种理论及技术，通过对教与学的过程及相关资源的设计、开发、利用、管理和评价，实现教育教学优化的理论与实践。

这个定义从我们国家的教育实际出发，符合国人的思维习惯。学员可以对照以上 3 个定义来理解教育技术的含义。

2.1.2　教育技术的由来及主要任务

随着多媒体计算机、网络技术、远程通信，激光视盘等信息技术的发展，教育技术的实践进一步深入，教育技术的内涵不断丰富。上述发展也推动了教育技术理论的研究，并把认知主义学习理论、建构主义学习理论作为其理论基础。2004年，AECT再次对教育技术进行定义，从而使之更加科学与完善。

我国的教育技术起步于20世纪30年代。1986年，国务院学位委员会正式批准北京师范大学、河北大学、华南师范大学设立教育技术学硕士学位授予点，明确了教育技术学是教育科学分支学科的地位。

教育技术的主要任务是在系统科学方法论指导下，运用先进的教育科学理论和先进的现代技术手段与方法，对教育、教学中存在的问题进行分析，提出解决问题的策略和方法，实施并给予评价和修改，以实现教育教学的最优化，促进学习者的良性发展。

2.1.3 在职业教育中整合信息技术和现代教育技术

20世纪90年代后期，以计算机和网络为基础的现代信息技术开始在教育领域广泛应用，我国政府相应地提出了以教育信息化带动教育现代化的战略方针，并实施了一系列推进现代信息技术在教育领域应用的重大项目，如普及中小学信息技术教育、实施"校校通"和远程教育工程等。进入21世纪，我国政府高度重视职业教育，开始规划新的职业教育体系，并推出一系列加快发展现代职业教育的政策，在发布了《国务院关于加快发展现代职业教育的决定》，教育部出台了《教育部关于加快推进职业教育信息化发展的意见》。

那么如何把现代教育理论和信息技术及专业教育教学整合起来，从而为职业教育服务呢？作为职业院校的教师，既要学习理解现代教育技术的理论，又要掌握如何将现有的信息技术与教学理念和方法有机地整合起来，通过合理的教学设计整合成适合各专业的教学理论与实践，应用到职业院校具体的教学实践中去，从而优化教学资源与教学过程，最终达到培养学生创新能力和实践能力的目的。

2.1.4 信息技术支撑下的现代教育技术应用的误区

现代教育技术是指以现代教育理论、学习理论为基础，以现代信息技术为载体的教育技术。这里的现代信息技术主要是指计算机技术、多媒体技术、电子通信技术、互联网络技术、卫星广播电视技术、人工智能技术、虚拟现实仿真技术等。

在教育技术的应用方面存在以下3个误区。

1. 夸大现代信息技术的功效，忽视现代教学理论的支持

现代信息技术的出现，突破了单一的信息表现方式，利用信息技术来优化学习环境。但目前很多课件的制作不顾实际教学需要，盲目使用各种媒体手段；或只是将书本内容电子化，从"人工灌输"变为"电子灌输"，这是典型的"穿新鞋走老路，开着轿车走小路"。有的教师在制作课件过程中，忽略了课程内容本身特点，片面地去追求实现课件的技术和手段。

2. 现代教育技术支持下的教学是对传统教学的否定

部分院校盲目排斥传统教学模式，对多媒体教学方式产生迷信，甚至提出"不会计算机不能当教师，不用多媒体不能上讲台"这样的绝对化口号，对教师多年积累下的宝贵教学经验弃之如履。

传统的"灌输"式的教学方式，学生对知识仅停留在简单的堆砌阶段，没有对知识进行重新构建和迁移，无法对知识进行灵活应用，不利于对学生能力的培养。但这种教学方式在知识积累上具有投资小、见效快的特点。

教育的进步取决于生产力的发展，我们要认清现代与传统的关系，使各种教学手段达到优势互补、取长补短。比如，师生之间思想和情感的交流是多媒体和网络技术无法达到的。多媒体和网络技术在教学上的使用大大促进了教学的效果，但它并不能取代教师在培育人才过程中其本身的影响力。在现代教育技术基础支持下的多媒体和网络教学，是传统教学方式的延伸和发展，而不是彻底的否定。

3. 定势思维与畏难情绪

部分教师习惯于传统的教育思想、教育理念、教学手段，不愿接受现代教育技术。这些教师采用传统的教育模式和教学手段积累了丰富的经验，已习惯于此，不肯利用先进的现代教育技术手段，或者认为先进的技术手段难以掌握，特别是计算机技术学起来比较困难，因而产生畏难情绪。这些想法都直接影响到现代教育技术的推广和应用，对教育教学改革、实现教学最优化极为不利，因此，应加大宣传力度，使他们认识到竞争的激烈和残酷，从而推动现代教育技术的应用和发展。

2.2 学习和理解课程设计

情境描述

教学系统设计（instructional system design，ISD），也称作系统化教学设计，即系统性课程设计与开发，简称为"课程开发""课程设计""教学设计"等。

传统的教学过程，往往是指教的过程，这个过程包括教师、学生和教材3个要素。要学的内容在教材中，教师的责任就是向学生"教"这些内容，灌输到学生的脑子里，灌输的目的是使学生为了考试能够从头脑中检索出这些信息。

而在现代教育技术的理念下，教学是一个系统化的过程，其中每个部分（如教师、学生、教材、学习环境和学习资源等）对于学习的成功都很关键。也就是说，现代教育技术理念下的教学提倡采用系统化方法设计教学。

完成任务

学习理解课程设计

请学员利用自己掌握的检索方法检索课程设计的相关知识，并将这些知识自行消化理解，然后在组内进行讨论分享。

知识与技能

2.2.1 什么是课程设计

课程设计是一个有目的、有计划、有结构的系统化活动，包括制订教学计划、教学大纲、编写教科书等。

越来越多的研究者把课程设计界定为一种计划或方案。它是在学校教育环境中，旨在使学生获得知识、促进知识迁移，进而促使学生全面发展的、具有教育性经验的计划。这种课程观突破了将课程局限于课堂教学中的旧观念，把范围拓展到整个学校的教育环境中加以界定。突破了以往教学只注重知识、经验的积累的局限，把积累、迁移、促进学生发展等方面因素作为指标，并将课程分为形式课程与环境课程。形式课程是在教育者的直接参与或指导下完成的，而环境课程则不需要教育者的直接参与。

不同的定义反映了不同的课程研究取向。关于课程设计的定义大致可分为两类。一类是技术取向的，如普拉特认为：课程设计是课程工作者从事的一切活动，这是一个对达成课程目标所需考虑的因素、技术和程序，并进行构想、计划、选择的慎思过程。另一类则为理性主义取向，如有学者认为课程设计是指教育科研机构的专家学者对课程的研究并拟订出课程学习方案，为决策部门服务，拟订教育教学的目的和任务，确定选材范围和教学科目、编写教材等，这些都属于课程设计活动。

新近的对课程设计的研究成果则试图综合这两种观点，如《简明国际教育百科全书》中对课程设计的定义为"课程设计是指拟订一门课程的组织形式和组织结构。"并指出"它决定于两种不同层次的课程编制的决策。广义的层次包括基本的价值选择，具体的层次包括技术上的安排和课程要素的实施。"其中，所谓广义的层次大致相当于理性主义的课程设计定义，而具体的层次则相当于技术取向的课程设计定义。但也有学者认为，除了这两个层次的课程设计外，还存在一个更微观的课程设计层次，并且不同层次的课程设计要受到不同因素的影响。

结合以上介绍，从系统化的教学过程出发，可以得出结论：教学系统设计也称作课程设计或教学设计，是运用系统方法分析教学问题和确定教学目标，并建立解决教学问题的策略方案、试行解决方案、评价试行结果和对方案进行修改的系统化过程。它把课程设计计划、课程大纲、单元教学计划、课堂教学过程、媒体教学材料等看成是不同层次的教学系统，并把教学系统作为它的研究对象。

教学设计作为一个系统的计划过程，是应用系统方法研究、探索教学系统中各个元素（如教师、学生、教学内容、教学环境、教学资源，以及教学目标、教学方法、教学媒体、教学组织形式、教学活动、教学评价等）之间的本质联系，并通过一套具体的操作程序来协调、配置，使各要素之间有机地结合在一起以完成教学系统的功能。计划过程中每一个步骤都有相应的理论和方法作为科学依据，从而使教学设计具有很强的理论性、科学性、再现性和可操作性。

2.2.2 课程设计的分类

课程设计可以从内容范围上进行划分。如果说，设计一堂课是"微观"教学设计（多直接称作教学设计），那么设计一门课可视为"中观"教学设计（多直接称作课程设计），而设计某个专业的多门课程，就是"宏观"教学设计。对某个专业所有课程进行教学设计，并制订出相应的标准，也就是第 1 章所讲的专业教学标准中的课程教学标准。当然，学校实施的专业教学标准要根据教育部或各省颁布的专业教学标准并结合本地区相关行业发展的需求及学校的实际情况进行整体设计。

这里所说的课程设计，主要是指"中观"教学设计，即对一门课的课程设计，以及"微观"教学设计，即对一堂课的教学设计。

2.3 如何进行一门课的课程设计

情境描述

作为职业院校的一名专业教师，在了解了什么是教学设计之后，必须掌握在现代教育技术理念下如何具体设计每一堂课。

如果您不仅是一名普通教师，而且是一名资深教师，甚至是教学负责人，那么您要设计的也许就不仅是一堂课，而是一门课程了。

完成任务

研讨学习课程设计的理念与思路

教师布置任务，学员根据任务进行组内研讨学习，并将研讨学习的结果进行汇总。

任务内容及目标：在该任务中，学员根据教师布置的任务，结合自己拥有的相关知识进行研讨学习，从而提高自己对课程设计的认知。

知识与技能

2.3.1 课程设计的依据、理念与思路

1. 课程设计的依据

在对任何一门课程进行课程设计时,都必须根据第 1 章中学习到的教学标准进行。任何专业教学标准的出台都是教育行政主管部门(如教育部或各省教育厅)组织该专业教学专家及行业专家,经过长期大量的调查研究,对行业的发展需求进行分析,对该专业相对应的企业工作岗位的实际需求进行分析,对该专业学生应当具备的工作能力进行分析,对不同工作能力对应的课程进行分析研究,最终出台的专业教学标准。专业教学标准中每一门课程的课程标准都具备相当的科学性和可操作性,该课程标准就是我们对该课程进行教学设计的依据。

2. 课程设计的理念

(1)突出职业教育专业课程的职业性、实践性和开放性。注重与职业岗位需求结合,按照"职业岗位→岗位需求能力→确立教学项目"的项目引领式的运行机制来组织教学。

(2)学以致用,以"用"促学,边"用"边学,突出"教、学、做"一体化的教育理念。

(3)学生是学习主体,教学过程鼓励学生职业能力发展,加强创新能力和创新意识培养。在课程设计中,既要考虑学生职业技能的训练,又要关注学生综合职业素质的养成,为学生的可持续发展奠定良好的基础。

3. 课程设计的思路

以职业岗位需求为切入点,以培养职业能力为核心,以项目教学为主要手段,积极探索教学方法与成绩评价方法的创新,保证课程目标的实现。

(1)以职业岗位需求为切入点的课程设计。通过邀请行业企业专家来校指导,从企业实际岗位需求了解工作任务与工作流程;采用毕业生反馈交流等形式,进行岗位职业分析与课程内容选取;通过行业企业专家来校举办讲座或行业企业骨干直接参与课程教学设计;采用教师服务企业、学生顶岗实习等形式深度合作进行课程设计,以充分体现课程的职业性、实践性和开放性。

（2）以职业能力培养为核心的课程设计。在重视学生专业能力培养的同时，重视社会能力的培养。由课堂学习发展到网络学习，使课程学习具有开放性，通过合作学习及对职业岗位真实案例的讨论提升学生的团队合作能力与创新能力。

（3）以项目教学为中心的课程实施。一是教学组织项目化，把课程内容设计具体的实践项目，教学要求具体并可操作；二是教学方法的运用上强调启发引导法、探究学习法、合作学习法、真实体验法、循序渐进法等多种方法的灵活运用；三是考核体系要由教师、学生、企业共同参与的多元考核构成，鼓励学生不断追求完善的动态考核、重视平时学习过程的过程考核。

（4）以企业真实的工作过程为参考开展教学设计，即工作过程系统化的教学设计。在进行教学设计之前要对企业真实的工作过程进行调研，教师的教学过程和学生的学习过程要与企业岗位真实的工作过程保持一致，从而通过教学设计的具体教学实施，让学生的实际动手能力得到提高，并能够直接应用到实际的工作岗位上去。

完成任务

研讨学习课程设计的流程和方法

教师布置任务，学员根据任务进行组内研讨学习，并将研讨学习的结果进行汇总。

任务内容及目标：在本活动中，学员根据教师布置的任务，结合前两个任务的学习成果，进一步研讨学习如何进行一门课的课程设计，从而使自己从一个普通的职业院校教师成长为学科骨干教师乃至学科带头人。

知识与技能

2.3.2 课程设计的流程和方法

如果把一门课程完整的教学过程比作一列火车，那么每堂课就是火车的一个个车厢。每一节车厢的作用不完全一样，比如，火车有车头和车尾，有座位车厢和卧铺车厢，还有餐车、行李车等。在一门课程中，每一堂课的作用也不是完全一样的,有的课像车头,比如一门课开头的那几节绪论、总论,就像车头一样,为这门课程确定总体的目标、内容和框架;结尾的课往往是整门课程的总结、评价阶段;中间的课也各有各的作用。课与课之间的空隙与连接如课外的学习活动阶段,它们把上一堂课与下一堂课互相连接起来,构成一个有机的整体。课程的支持、服务、组织和管理体系就像列车下面的车轮、铁轨和路基,对保证课程的顺利进行发挥重要的作用。

因此,设计一门课程重点要考虑的问题与后面要学习掌握的一堂课的设计既有相似之处,也有不同之处。总的来说设计一门课程考虑的问题要更大、更多、更复杂。其主要包括以下6项内容。

(1)课程目标:课程目标决定了课程"列车"行进的方向。课程目标相对课堂目标来说,要更宏观,更概括,设计者所占的位置要更高,视野要更开阔。不仅要考虑本学科的知识结构,还要考虑与其他学科之间的关联和衔接,需要对一门学科或多门学科有较深入的了解才能做到。

(2)学生情况:相对后面要讲的一堂课的教学设计来说,课程设计者对学生的了解要更加宏观,主要关注大多数学生的总体情况,包括年龄、性别、年级、班级,以及学习动机、认知水平、专业基础(同一门课程如果在不同专业开设则专业基础不同)等情况。其中必修课与选修课学生的动机是不同的,想学点东西与只想获得学分的人愿意付出的努力也是不同的,不了解学生的动机就不能制定出恰当的目标与策略。认知水平主要与年龄有关,不同年龄的人认知水平有较大的不同,而且还与一个人的智力和经验有关。

(3)教学资源:包括教材、参考书、数字资源、人力资源等。

(4)教学条件:包括教室情况、设备情况、实验室情况、实习场所、图书馆、教学经费等。

(5)课程评价:评价体系的设计在课程教学设计中要比在课堂教学设计中重要得多。因为不是每堂课都需要立即评价,但每门课程必须有完整的评价体系。课程评价像一个指挥棒,既影响教师的教,也影响学生的学。评价体系要围绕课程目标来设计,尽可能既全面、科学,又简单易行,可操作性强。评价不仅是为了检验教学的效果,还应起到鼓励学生继续学习的作用。

(6)课程设计具体内容包括:课程目标设计(含知识、技能、情感、思维等)、课程体系设计(含教学内容、教学顺序、课时总数、进度安排等)、教学资源设计(含教材、参考书、教学课件、数字资源、人力资源等）、教学方法设计（含授课方式、活动方式、讨论方式、协作方式、探究方式等）、教学流程设计（按照时间的先后顺序，整合各种教学活动和学习活动，以保证课程能有条不紊地进行）、评价体系设计（含诊断性评价、形成性评价、总结性评价等）、教学管理设计（含与教学过程相关的各项规章制度、步骤程序等）等，这需要结合具体课程来讨论。

2.4 如何进行一堂课的教学设计

情境描述

作为职业院校的一线教师，在进行教学设计之前，首先要深入分析在现代教育技术支撑下的一堂课完整的教学过程都包括哪些环节，哪些环节能够利用信息技术，再将自己所掌握的信息技术知识融入教学过程中，从而设计出适合现代教育技术理念的教学设计方案。

完成任务

研讨总结教学过程

在该任务中，通过小组共享的方式，总结教学过程的要素，共享教学中的重点和难点的处理方法，讨论信息技术可为教学过程提供的支持体现在何处。

结合自己平时的教学实践，分组讨论交流下列问题：

（1）一堂课较为完整的教学过程主要包括哪些环节？

（2）您在日常的教学过程中曾经使用过哪些教学方法来解决教学中的重点与难点？

（3）信息技术的融入能为教学过程提供哪些新的支持？

俗话说教无定法，贵在得法。作为教师，通过多年的教学，已经拥有了丰富的经验，但在培训学习与观察交流之后，也许还能够得到更好的可供参照的经验。在与别人的交流合作中，可能会获得更多的处理问题的技巧并对教学做出更多的思考。在交流之后，请填写共享教学设计记录表，见表2-3。

表 2-3　共享教学设计记录表

共享主题		日期	年　月　日
感兴趣的观点一	教学过程的环节		
	教学中的重点和难点的处理方法		
	信息技术为教学提供的支持		
感兴趣的观点二	教学过程的环节		
	教学中的重点和难点的处理方法		
	信息技术为教学提供的支持		
感兴趣的观点三	教学过程的环节		
	教学中的重点和难点的处理方法		
	信息技术为教学提供的支持		
备注			

知识与技能

2.4.1　一堂课教学设计的环节

　　一堂课完整的教学设计过程一般包括前期分析（学习需求分析、学习内容分析、学习者分析和学习环境分析）、确定目标、制订策略、选择媒体或资源、试行方案、评价和修改等过程。通常来说，教学设计人员一般由教师直接担任,但实际上,教学设计人员既可以是教师,也可以是专业的教学设计师。作为教师主要是思考如何确保每个学生能发挥其最大的能力,学到尽可能多的专业知识;而教学设计者则常常需要考虑如何确保提供给学生的特定课程尽可能相似,尽管这些课程是在不同的时间,由不同的教师提供给不同地点的学生的,其关注的重点是教学的标准化问题。教学设计者需要系统考虑教学过程中的各个环节。教学设计主要环节的任务包括以下9个方面。

1. 学习需求分析

根据国家制定的各个专业的课程教学标准,以及具体的工作岗位需求对各个专业学习者的要求,分析学习者的现有专业水平与所应当达到的目标工作岗位需求水平之间的差距,从而为确定学习目标等提供依据。

2. 学习内容分析

分析不同专业的学生每一门课、每一次课该学习什么以及怎么学,通常可以根据学习内容中各知识点、技能点的关系,分别采用归类分析、层级分析、图示分析等分析方法,也可以从学生的认知过程出发,采用信息加工分析方法,将学生在完成教学目标时对信息进行加工的所有的心理操作过程揭示出来。

需要特别强调的是,这里的分析是学习内容分析,而不是教学内容分析。教学设计者要从传统的教师"教"的角度,转换成从学生"学"的角度进行分析,将传统的教学内容分析转化为学习内容分析,从而为后面的学习目标的确定、教学策略的设计、教学过程的设计打下良好的基础。

3. 学习者分析

建构主义学习观认为,学习者学习的过程是根据自己的经验背景,通过新旧知识以及经验间的反复的、双向的相互作用过程,对外部信息进行主动地选择、加工和处理,从而建构自己的理解。任何一个学习者都会把自己原有的知识、经验、态度、能力等带到新的学习过程中去。所以教学设计者必须分析学习者原有的知识、经验、态度、能力,即进行学习初始能力分析。

初始能力是指学习者在学习特定的学科内容或专业内容之前已经具备的知识技能基础、已有的行为能力、对特定学习内容认知态度等。包括学习能力分析、目标能力分析和学习动机分析等。

预备能力分析是指对学习者所具备的先决知识和技能的分析,即了解学习者是否具备了进行新的知识学习所必须掌握的知识与技能。教学设计者分析了学习者的起点水平后,可以根据分析结果采取恰当的"补救"行为，从而给学习者提供一些必要的帮助；或者根据学习者的起点水平，进行学习方案和学习目标的适度调整。其中起点水平可以根据上一节的教学效果或者学习者作业完成的情况分析得到，也可以通过测试手段对学习者测试得到。

目标能力分析指的是预测学习者对特定学习内容的学习目标的了解程度，可以通过与学习者的沟通进行了解，也可以通过对学习者的测试得到。学习动机的分析指的就是分析学习者的学习动机，而职业院校的学生相对而言学习动机较弱，需要逐步改变、逐步提高。

另外还要对学习者的学习风格进行分析，学习风格本身无优劣之分，分析学习者的学习风格主要是为了给学习者提供更适合的教学环境、教学资源、教学信息、教学形式组织、教学方法、教学媒体等，以便为学习者提供更有效的学习帮助。从调查数据分析的结果发现，职业院校的学生学习风格大部分都是感官感受型，甚至是直觉感受型，他们对传统教学中的文本学习、复杂的图表、逻辑分析、思维都不喜欢。针对这种情况，职业院校的教学策略可以从如下5点入手进行尝试：首先是增加听觉、视觉、触觉的学习机会，这就要利用现代的信息化教学、角色体验、动手操作等进行学习。其次是重视分组教学和学徒制教学。三是重视提前规划，让学生明确学习目标。四是教师要将教学尽量具象化和生活化。五是在教学过程中注重培养学生的分析能力、表达能力和反馈能力等。

职业院校的学生正处于思维活跃、情绪波动比较大，追求新异、对新生事物兴趣浓厚的年龄阶段。从入学到毕业，他们的逻辑思维能力会越来越强，并逐渐达到稳定，如果在低年级时就要求学生具备较高的决策和问题解决水平，不仅违背了人的正常认知发展规律，而且也容易使学生对学习产生畏惧心理。所以职业院校的教师更要注重学习者分析这个环节，要慎重地根据学生的实际情况进行教学设计，让学生有逐步适应的过程，从而让学生愿意学习不同的专业课程，提高动手能力，最终从学习者成为适应工作岗位需求的劳动者。

4. 学习环境分析

学习环境对于学校教育而言就是学校提供的教学环境。目前，我国不同的职业院校教学环境相差甚远。所以，在教学设计过程中，作为教学设计者，应当考虑到教学环境的差异，保证设计出的方案能够施行。

目前职业院校提倡的是"做中学"，而"做中学"理论是美国著名教育学家杜威教育思想的重要组成部分，他主张"从做中学"，即"从经验中学""从活动中学",这就要求职业院校需要在课堂中为学生准备具有充分活动的场所和所需的各种材料和工具,如在学校里设置实验实训场所、实习工厂等,让学生在活动中进行学习。可见,"理实一体"的教学环境建设是职业院校实现"理实一体"教学体系建设的重要内容,是提高学生职业技能水平、培养职业能力和提升职业素质的基础保障。

理实一体教学是打破传统的学科体系和教学模式,根据培养目标,整合理论与实践教学资源,将理论教学和实践教学融为一体的教学。职业教育的理实一体教学,是一种以建构主义和杜威"做中学"为理论支撑,以岗位工作任务为核心,将专业理论知识和实践知识有机结合,教师在做中教,学生在做中学,学做结合中学习专业知识掌握,专业技能,培养全面职业能力,养成良好职业素养的教学方式。

"理实一体"教学环境指的是职业教育"理实一体"教学过程中对师生认知、情感和行为产生直接或间接影响的各种因素的综合。其最大的特点是场地一体化,融教学区、实训区、讨论区三一体,促进学生学习、交流和实践。场地可以根据需要改变用途。同时教学内容也要理实一体化,理论内容与实训内容同时存在。另外教师也要是"双师型"教师,或者专业理论教师和实验实习指导教师合作完成教学。

5. 确定学习目标

在教学设计过程中,应当强调以学习目标为中心,各环节的安排需要围绕学习目标来进行,学习目标是评价学习效果的基本依据。根据教育部制定的中职学校的各个专业的专业教学标准,学习目标的编写需要考虑3个维度:知识与技能、过程与方法、情感态度与价值观。强调从过去的重视知识到重视能力,从重视结果到重视过程,从重视认知到重视情感。

学习目标不同于传统的教学目的,传统的教学目的是以教师为主体,体现的是教师教学的愿望和期望,主要作用于教师的"教"。教学目的结构单一,课堂效果取决于教师的自身素质。而学习目标是以学生为主体,着眼于学生的学习过程和学习结果,要作用于学生的"学",也要作用于教师和学生双方的"教学相长",其目标由一系列不同层次的子目标组成,对教学活动尝试和广度有明确具体的指导作用,课堂效果取决于课堂的活动开展方式、教学手段的多样性、教学方法的合理应用、时间的合理安排、教师素质、教学资源的利用情况等综合因素。

职业院校学习目标要侧重于通过该学习领域的学习实践,最终获得的专业知识、动手能力和社会能力,强调3个学习目标维度应均衡,重视培养目标中就业与发展并重,能力本位,规范与创新并举,依托情境载体同步体现做人与做事，行动方式上手脚与头脑并用，结构设计上多层级，评价的关键是过程与结果并重。

在3个学习目标维度中，知识与技能目标中的"知识"指的是学习者与其环境相互作用后获得的经验、意会和信息等，包括陈述性知识和程序性知识；"技能"是指学习者通过练习、训练、实践或操作而获得的活动方式、程序和方法，包括基本技能、智力技能、动作技能和自我认知技能等。过程与方法目标中的"过程"指的是导致某一结果的一系列行动、变化、程序或阶段等；方法指的是为完成某一任务、达到一定效果或者提高效率而采用的行动方式和策略。情感态度与价值观中的"情感"是指学习者对外界刺激肯定或否定的内心体验、心理反应和情感表现，这种情感表现直接决定了学习者的态度倾向和学习动力；价值观指的是对人和事物积极作用的评价、取舍的观念和价值取向。

3个学习目标维度相互交融，相互渗透，缺一不可，但是各维度权重不一定均等，要根据具体的学习内容而定。

6. 设计教学策略

在确定了具体的学习目标和学习内容后，还需要考虑如何帮助学生快速掌握这些内容，达成学习目标，这就需要巧妙地运用教学策略。

教学策略是指在教学过程中，为完成特定的目标，依据教学的主观和客观条件，特别是学生的实际情况，对所选用的教学顺序、教学活动程序、教学组织形式、教学方法和教学媒体等的总体考虑。也就是说，在教学过程中不存在能实现各种教学目标的最佳教学策略，也没有任何单一的策略能够适用于所有的教学情况。

所以，有效的教学需要有可供选择的策略来达到不同的教学目标，而且需要不断地调节、监控和创新。

策略选择是指对教与学的活动程序、组织形式、方法和媒体等进行相对较优的选择，即在主观和客观条件可能与可行的前提下，尽力在更广泛的有关教与学策略等系列中找到科学的、更具有实效的教学策略。

调节主要是指由于教学活动的复杂性、多种因素的交叉干扰，如学与教、师与生、知与行等矛盾之中交织着矛盾，任何好的策略，在运用中都不会十全十美，那就需要在教学全过程中随时注意已选定的正在运用中的策略可能出现的不协调，及时给予相应的调整、补充，以及创新等。

监控是指在教学过程中，教师与学生应随时注意策略运用的效益、缺漏等，使策略过程与认知过程同步。

教学策略的特点包括以下 3 个方面。

① 明确的针对性。策略化的教学是依据教学目标，针对学生实际、教材特点，将教学方法、教学手段及教学程序等教学诸因素和谐统一地进行应用。

② 典型的灵活性，即不刻板。为了实现目标，可以采用各种可供使用的教学组织形式、方法、程序、手段等，在教学过程中，还将根据需要不断改变和调整。没有任何单一的策略能够适用于所有的教学。

③ 教学活动程序、教学方法、教学组织形式等都是教学策略的载体。没有教学方法、教学形式及教学活动，教学策略将无所适从。教学策略的选择、调节、监控、创造等都要依据于这些因素。所以有效的教学需要提供多种教学方法、教学形式等，以便完成不同的教学目标。

目前从教学整体上而言，教学策略主要包括授导型教学、探究型教学及最近大力提倡的混合型教学。作为职业院校的教师，要根据前面的学习需求分析、学习内容分析、学习者分析、学习环境分析以及学习目标，确定采用以授导型教学为主，还是以探究型教学为主，还是二者混合的混合型教学。

7. 选择教学媒体或资源

在教学过程中，媒体与资源的形式是多种多样的，选择教学媒体或资源时，需要充分依据学习目标、学习内容、环境条件和学习者的认知水平等，以符合学习者的认知规律。教学媒体或资源的使用不应简单地追求形式，而要关注其对教学效果的优化作用。

有关具体教学媒体与资源的合理选择的内容见第 4 章。

8. 教学过程设计

教学过程设计是整个教学设计中的难点和重点。职业教育的目标是培养高素质的技能型人才，以获取直接工作经验为目的，理论与实践一体化教学，以工作岗位需求和专业应用为前提，强调团队合作与交流，重视学生自己在行动中建构知识，因此，行动导向教学更适合职业教育的课堂教学。

行动导向教学和传统教学相比，教师从重"教法"转变到重"学法"；从"要学生学习"转变到"学生要学习"；从"教师教，学生做"转变到"学生做，教师协助学生"。学生从"学知识"转变到"学做人做事，学会合作、学会生存"；从"听、看、读、写"转变到"脑、口、手共同参与"；从"被动参与"转变到"自主探索"。在行动导向教学过程中，学生通过体验、参与、交流与展示，各种能力都能得到提升，个性得到尊重，自信心得到提高，思维得到启发，在工作过程中获得的知识自然而然地内化为学生自身的能力。

行动导向教学是针对与专业紧密相关的职业"行动领域"的工作过程，按照"信息收集、计划、决策、实施、检查和评价"的流程组成完整的"行动"过程，是在教师的组织、协调与引导下，以学生为中心，让学生通过独立自主与团队合作中完成"信息收集、制订计划、实施方案、反馈评价"，在"学中做"的实践过程中，掌握相应的职业技能及专业知识，从而构建属于自己的经验、知识和能力体系。

行动导向教学的基本设计原则是以学生为主体，师生互动、生生互动，多元化评价。通过学习情境中的活动来学习，为了真实情境中的活动而学习。行动导向教学包含学习情境和工作情境两种情境，包含对象、内容、手段、组织、产品、环境6个教学要素。其教学活动方式包含演示、张贴、竞赛、讨论、联想、演讲、体验、制作、点评等，其适用的教学方法主要有任务驱动教学法、情境教学法、引导文教学法、案例教学法、师带徒训练法、主题教学法等。当然，以上教学过程的实现需要相匹配的教学条件。

信息化教学就是要在行动导向的课堂教学中整合各种教育教学媒体资源，用合适的信息化方式来优化教学的组织与实施。

9. 学习效果评价

评价学习效果，不应仅看学习活动的最终结果，还需要考虑学生的学习过程，同时又要避免滑向只重视过程而忽视结果的另一个极端。

学习效果的评价方式有很多种，但是传统的评价方式显然与职业教育的教学现状不匹配。职业教育长期以来深受应试教育的影响，习惯用百分制评价来表示学生的学业成绩，这种评价方式有其优点，如操作方便、模式固定、量化正确、容易引起重视和竞争，导致百分制在教学评价中"唯我独尊"。这种评价方式是建立在学习内容和学生记忆程度之上，不能评价学生的情感、意识、合作及动手能力。选择完全依靠考试的方式，容易导致职业教育目标变成空中楼阁、纸上谈兵。传统的评价方式还容易导致职业院校的学生重复体验考试失败的挫折，从而对学习产生厌恶，对考试心存逃避，更有学生对交白卷习以为常。这种忽视了学生综合能力培养的评价方式，对于学生独立自主、团结协作、创业创新能力的培养极为不利，导致学生对生活热情和职业憧憬大打折扣。

平时成绩加期末考试成绩的简单模式，显然已经不适应职业教育的教学现状。职业教育教学评价是对教学效果的评价及对构成教学过程中各个要素作用的分析和评价，其基本要素有教师、学生、教学内容、教学方法、教学手段、教学环境等，这些要素对学生态度、心理变化、行为动作、过程体验都有很大的影响。构建科学合理的指向职业能力培养的学习评价体系，是职业教育改革，提高教学质量的重要保障。职业教育新的教学模式、教学方法、学习对象、培养目标都需要新的评价理念、制度和操作模式来有力地引导和支撑。

目前，以项目教学为主的课堂教学改革正在如火如荼地进行，构建适合项目教学的评价体系应运而生。项目教学评价是指根据评价标准、运用评价方式，在项目教学实施整个过程中，通过系统的收集有关项目方案、项目实施、项目产品等各种信息，对项目教学过程中评价对象即学习者的反应、认知、行为和结果做出价值判断和客观分析，并为教学双方自我改进提供依据的过程。

项目教学评价是项目教学的重要组成部分，用以促进项目教学的正常开展，在评价原则、特点、内容、方法和标准上与传统教学评价都有着根本性的区别。其从共性评价转为共性与个性评价相结合，从表面评价转为本质的深刻评价，从结果评价转为结果与过程评价相结合；从单一的定量评价转为定性与定量相结合。

项目教学评价是一种过程性、激励性、发展性、职业导向性的多元评价方式。从评价目的而言，是"以学生发展为本"的发展性评价；从评价内容而言，是注重学生综合素质的综合性评价；从评价技巧而言，是转变"盲目量化"的质性评价；从评价主体而言，有学生自身、项目团队、教师、专家甚至家长会等多元化评价主体；从评价方式而言，是关注过程的形成性评价；评价的内容包含学生的认知、情感、态度、能力、行为、团队意识等。

项目教学评价的内容主要包括两个维度的综合评价。第一个维度是从学习者的反应、认知、行为和结果多个视角出发进行综合评价，侧重于对学习者个性化发展需要和表现特征的评价。第二个维度是按照项目教学流程，在信息收集、计划、决策、实施、检查和评价6个阶段进行综合评价。项目教学评价就是将上述两个维度组成一个评价坐标，横向指标是项目工作过程，纵向指标是学习者的表现，相互融合成一个立体评价体系。这样的评价，突出了评价的发展性功能，整合了诊断性评价、形成性评价和终结性评价，提高了项目教学评价活动的有效性和科学性。

项目教学评价的流程主要有3个阶段。一般在项目开始前采用诊断性评价，其载体是任务书；项目实施过程中采用形成性评价，其载体是评价量表和档案袋评价；项目实施结束采用终结性评价，其载体是"项目产品"。

综上所述，项目教学评价是适合职业教育教学改革的评价方式，只是其评价方式比传统的评价方式复杂得多；另外，各个职业院校的教学改革开展情况也不尽相同，相信随着职业院校教育教学改革的推进，项目教学评价一定能够在各职业院校中普及。

作为一名职业院校教师，在具体的教学活动中，应当根据教学的条件，根据所讲授专业课程的特点，并结合学生的年龄特征，利用多种资源表现形式和策略，对教学内容进行合理安排，从而最终实现教学目标。教师在具体教学设计过程中，也应当关注学生的认知规律，并让学生参与到教学活动中，提高其学习积极性。在具体的职业教育教学实践过程中，教师不仅要考虑教什么的问题，更要关注学生如何学的问题，即教学应当围绕学生的能力培养来展开，围绕着学生知识的自主建构来展开，并且注意要在学习目标、学习内容、媒体选择、策略应用与评价等方面进行精心设计，从而体现职业教育要以能力为本位的教育思想。

完成任务

完成一堂具体课程的教学设计方案

该任务要求每个学员利用前面章节学到的知识，结合自己在学校所教课程，完成一堂具体课程内容的教学设计方案。学员可参考并结合以下两个教学案例，进行信息化的教学设计。至于采用授导型的教学设计模式还是采用探究型的教学设计模式，或是二者混合的混合型教学设计模式，请学员根据自己所教课程的性质及二者的优缺点分析进行选择。但是不管选用哪种教学设计模式，都要合理、恰当地选择信息化教学手段，通过信息化的方式为课堂教学增姿添彩。

知识与技能

 授导型教学设计

授导型教学主要是指在具体的课堂教学中以讲解、示范、练习、自主学习、小组讨论、合作学习、问题化学习等方法综合运用的课堂教学形式。需要考虑教学目标、课程内容、学习者的特点、教学方法、教学策略及教学环境之间的相互关系。

授导型教学设计的优势见表2-4，包括以下5个方面。

（1）与传统教学以教师为中心相比，更加注重对学习者的分析。

（2）在课堂教学中既突出教师的引导作用，又突出学生的参与作用。

（3）在课堂活动中突出学生的自主学习以及小组合作，发挥团队作用。

（4）传统的教案设计以教学内容为主，而授导型教学设计以教学流程为主，包括教师的"教"和学生的"学"。

（5）在课堂教学中应用信息技术手段，尤其是教学资源的呈现能够激发学生的学习兴趣，在一定程度上提高教学效果。

表2-4 授导型教学的优势

教 学 方 法	优 势
讲 解	教学效率高，知识标准化，知识结构化
演 示	便于理解知识应用情境和了解技能应用过程
个别指导	能照顾到学习者的个别需要
操练与练习	更有效地掌握概念与技能
自主学习	灵活
小组讨论	激发思维，培养学习者自主学习意识
合作学习，问题化学习	学习者自主支配，培养团队精神

授导型教学设计案例　计算机硬件组装实训课

1. 学习目标

（1）知识与技能目标：通过理论学习，使学生掌握微型计算机主机箱内部结构；通过实训操作，使学生能够熟练完成微型计算机的硬件组装与系统安装，并能分析排除硬件安装过程中出现的错误与故障。

（2）过程与方法：学生到电子产品市场进行市场调查，动手进行硬件的组装，学会微机的组装与系统安装调试。

（3）情感价值目标：学生在市场调查过程中要注意文明礼貌，注意言谈举止，注意自身形象。在动手进行硬件组装过程中，要注意同学之间的相互合作，以及安全注意事项等。

2. 学习内容分析

微机主机箱内部结构都包含哪些。微机组装都要用到哪些工具。组装实训前要做好哪些准备工作。如何设计组装一台微机。硬件组装完成后如何进行CMOS项目的设置。如何完成系统软件的安装。

3. 学习者分析

学习者为中专二年级学生，已经形成自我意识、自我教育与自我评价能力，接受新生事物能力较快，有较强的动手能力，经过教师的讲授，能够较快掌握实训内容。

4. 学习重点

各种型号主板、CPU、内存的相互搭配。

5. 学习难点

CMOS 项目的设置。

6. 教学方法

教师讲解、市场调查、自主探究及小组研讨。

7. 资源选择

图书资源、网络、视频资源及市场调查一手资料。

8. 教学过程

教学过程包括 3 个部分。

第一部分：资料搜集准备

准备课时：教师可根据实际情况提前布置。

（1）教师提供一些资源，并将学生分组，使学生通过书本、专业杂志、互联网等查找资料。

（2）资源提供：

书本资源：各类计算机硬件组装教材、教辅材料、计算机专业杂志等。

网络资源：太平洋电脑网、中关村在线、电脑之家硬件指南、天极网硬件中心等。

教学课件：教师备课时制作好相应的教学课件。

视频资源：微机硬件组装及系统安装的录像视频。

第二部分：市场调查

调查课时：教师可根据实际情况提前布置（如可利用自习课、休息日等）。

学生以小组为单位，深入到当地科技市场进行市场调查。在市场调查过程中，要求学生注重资料的搜集以及记录等，更要注重文明礼貌及外出安全。

第三部分：课堂教学

教学课时：2 课时。

（1）各小组汇报市场调查情况。

（2）结合市场调查情况，讲述计算机各种配件如何选配组装才能装配出一台合格的计算机。

（3）教师通过理论讲解、实训演示、课件展示、视频展示等讲授计算机硬件的具体组装过程和设置，以及系统的安装。

（4）学生结合调查情况和教师的讲授，分组动手，把准备的计算机配件组装成一台合格的计算机。

（5）教学评价。对各组的实训组装成果进行小组自评、小组互评和教师点评。

（6）课堂小结。通过本次实训课的学习训练，学生能够根据自己的需求采购配件并组装出合格的计算机系统供学生工作使用。

2.4.3 探究式教学设计

探究式教学，是指学生在学习概念和原理时，教师只是给出一些事例和问题，让学生自己通过阅读、观察、实验、思考、讨论、听讲等途径去独立探究，自行发现并掌握相应的原理和结论的一种方法。这种教学方式的指导思想是在教师的指导下，以学生为主体，让学生自觉地、主动地探索，掌握认识和解决问题的方法和步骤，研究客观事物的属性，发现事物发展的起因和事物内部的联系，从中找出规律，形成自己的知识体系。可见，在探究式教学的过程中，学生的主体地位、自主能力都得到了加强。

探究式教学设计的优点主要包括以下5点。

（1）创设情境，激发自主探究欲望。课堂教学中要努力营造良好的探究氛围，让学生置身于一种探究问题的情境中，以激发学生的学习欲望，使学生乐于学习。

（2）开放课堂，发掘自主探究潜能。在富有开放性的问题情境中，学生思路开阔了，思维火花闪现了，这时教师如果没有给学生提供尝试的机会，学生只会成为接受知识的容器，这样会严重阻碍学生探究能力的发展。因此，教学内容的设计尽量是开放的，采用的教学方法也要为学生提供探究的机会，要变先讲后练为先尝试再点拨。把学习的主动权交给学生，这样有利于学生主动再创造，有利于学生猜测与验证。

（3）适时点拨，诱导探究的方向。在探究教学中，教师是引导者，基本任务是启发诱导，学生是探究者，其主要任务是通过自己的探究，发现新事物。因此，必须正确处理教师的"引"和学生的"探"的关系，做到既不放任自流，让学生漫无边际去探究，也不过多牵引。

（4）课堂上合作探究，训练自主学习的能力。在课堂上，让学生交流自学成果。在互相交流中，使大家思维相互碰撞，努力撞击出创造性思维的火花。让学生对"交流成果"环节中所提出的问题以及普遍存在的模糊认识进行讨论，在合作学习中大胆质疑解疑。为学生充分表现、合作、竞争搭建舞台，使教师指导和学生自主探究相结合，传授知识和解决问题相结合，单一性思考和求异性思维相结合。

（5）课后布置创新作业，激励学生自主学习。为了激发学生自主学习、合作、探究的兴趣，课后，教师布置的作业也要进行改革，要尽量布置有利于学生自主探究的作业。

探究式教学的缺点是比较适合小班教学，在许多大班级实施时难度较大，另外耗时比较长，课时比较少的学科实施探究式教学需谨慎。

探究式教学设计案例　网络营销基本知识

1. 项目名称

网络营销基本知识

2. 学时安排

2 学时。

3. 学习目标

（1）通过实例学习，了解网络营销给生活带来的变化。

（2）通过对比学习，了解网上商品的销售优势。

（3）掌握网络营销的含义，具备网上选购商品的能力。

（4）通过实例，掌握网络营销的形式的特点。

（5）具备区分不同网站属于不同营销形式的能力。

4. 学习内容分析

教材内容结合实际生活举例让学生对网络营销有个大概的了解，对于学生学习网络营销做好了铺垫。课本列举了网络营销的 6 种常见的形式，但是没有实际的例子，教师要结合实际案例讲解，便于学生理解和掌握知识。教学重点为网络营销的含义和形式。

5. 学情分析

14 级电子商务班学生，对电子商务有了一定的了解，教师首先要让他们明白电子商务不等同于网络营销。根据实际企业网站过程来分析网络营销的形势与特点会比较容易理解和掌握。

6. 教学环境与资源

实训教室、粉笔、课本、案例资料、多媒体器材。

7. 教学过程设计

教学过程设计见表2-5。

表 2-5　网络营销基本知识教学过程设计

过程	步　骤	内　容	学生活动	教师活动	资源利用
创设情境提出任务	① 利用多媒体大屏幕进行案例导入：网络裁缝 ② 新课引入（使用课件）	网络营销产生的背景	① 带着问题独立探讨案例 思考： ● 李楠为什么要在网上买衣服？ ● 网上定制衣服有什么优点？ ● 您觉得网络营销是怎样的？ ② 以自由发言的形式讨论思考题 ③ 了解新课内容	① 巡视并指导学生学习讨论案例 ② 组织学生发言并总结 ③ 导入新课（使用课件）	课本、多媒体、课件
活动1明辨是非	① 提出问题 ② 分组讨论 ③ 展示成果 ④ 教师讲评 ⑤ 深入讲解（使用课件）	网络营销的含义	① 分小组讨论思考题：网上可以卖哪些商品？ ② 各小组派代表将讨论结果写在黑板上 ③ 在教师帮助下总结、理解网络营销的含义 ④ 根据课件学习知识点	① 提供思考题 ② 指导学生讨论 ③ 对学生的发言进行评价并重述知识点 ④ 根据课件讲解知识点	课本、案例、资料、多媒体、课件
活动2知识延伸	① 案例导入：典型网站赏析（互联网应用） ② 新课引入	网络营销的形式	① 打开海尔、百度及戴尔的网站，观察并思考三个网站的不同之处 ② 分组讨论以上思考题 ③ 各组派代表阐述自己的讨论结果	① 巡视并指导学生学习讨论案例 ② 组织学生发言并总结 ③ 导出新课	课本、互联网、多媒体

续表

过程	步骤	内容	学生活动	教师活动	资源利用
活动3 掌握重点	① 提出问题 ② 分组讨论（互联网应用） ③ 展示成果 ④ 教师讲评 ⑤ 深入讲解	网络营销的特点	① 分小组讨论思考题。找到以下网站并分析它们的不同之处：搜狐、淘宝、当当、雅虎等（互联网应用） ② 各小组派代表，将讨论结果写在黑板上 ③ 在教师帮助下总结、理解网络营销的特点 ④ 根据课件学习知识点	① 提供思考题 ② 指导学生讨论 ③ 对学生的发言进行评价 ④ 引导学生重述要点	课本、案例、资料、课件、多媒体
活动4 学以致用	① 任务布置（互联网应用） ② 分组讨论 ③ 学生展示 ④ 教师讲评（互联网应用）	任务：分析网站类型，学会区分网络营销的形式。	① 明确任务： • 每种营销形式的网站有哪些？ • 网上的信息描述与传统的描述有何不同之处？ ② 小组讨论，组内展示 ③ 各小组派代表写在黑板上	① 布置任务 ② 对学生的成果展示进行评价、总结 ③ 总结知识点	课件、多媒体、互联网

8. 课堂总结

教师指出同学们展示在黑板上的结果分析哪些是对的，哪些是错误的，常用的网站分别都属于哪一类，使学生具备基本的区分网络营销形式的能力，并能够准确理解网络营销的特点。

引导学生回顾本节内容，老师给予总结。

9. 作业

要求学生课下登录指定的网站，看这些网站在设计和模式上有什么不同。将自己的答案整理好以邮件的形式发送到老师指定的邮箱。

2.4.4 信息化教学设计

信息化教学就是在信息化教学环境中,教师与学生借助现代教育媒体、教育信息资源和教育技术方法进行的双边活动。其特点是:以信息技术为支撑;以现代教育教学理论为指导;强调新型教学模式的构建;教学内容具有更强的时代性和丰富性;教学更适合学生的学习需要。信息化教学不仅是在传统教学的基础上对教学媒体和手段的改变,而且是以现代信息技术为基础的整体的教学体系的一系列的改革和变化。

信息化教学设计是上海师范大学黎加厚教授提出的,强调运用系统方法,以学为中心,充分利用现代信息技术和信息资源,科学地安排教学过程的各个环节和要素,以实现教学过程的优化。应用信息技术构建信息化教学环境,获取、利用信息资源,支持学生的自主探究学习,培养学生的信息素养,提高学生的学习兴趣,从而优化教学效果。

信息化教学设计和前面所讲的传统的教学设计有所区别,在教学设计的过程中应该坚持以下基本原则:

(1) 以学为中心,注重学习者学习能力的培养。教师作为学习的促进者,引导、监控和评价学生的学习进程。

(2) 充分利用各种信息资源来支持学生的学习过程。

(3) 以"任务驱动"和"问题解决"作为学习和研究活动的主线,在相关的、有具体意义的情境中确定和教授学习策略与技能。

(4) 强调"协作学习"。这种协作学习不仅指学生之间、师生之间的协作,也包括教师之间的协作,如实施跨年级和跨学科的基于信息化资源的学习等。

(5) 强调针对学习过程和学习资源的评价。

评价一个信息化教学设计(见表2-6)是否成功,主要从4个方面着手,即总体设计、教学过程、教学效果、特色创新。

表 2-6　信息化教学设计评分表

评比指标	分值	评比要素	指标分解	等级	得分
总体设计	40 分	① 教学目标明确、有据，教学内容安排合理，符合技术技能人才培养要求 ② 教学策略得当，符合职业院校学生认知特点 ③ 合理运用信息技术、教学资源和信息化教学设施，系统优化教学过程 ④ 教案完整、规范	A 档 35～40 分		
			B 档 29～34 分		
			C 档 23～28 分		
			D 档 17～22 分		
教学过程	30 分	① 教学组织得当、有效，突出学生主体地位，体现"做中教、做中学" ② 信息技术与教学资源运用合理、有效，教学内容表现恰当，满足职业教育教学需求 ③ 教学考核与评价标准多元化，方法得当	A 档 27～30 分		
			B 档 23～26 分		
			C 档 19～22 分		
			D 档 15～18 分		
教学效果	15 分	① 有效达成教学目标，运用信息技术解决教学重难点问题或完成特定教学任务的作用突出，效果明显 ② 切实提高学生学习兴趣，有效促进学生自主学习	A 档 14～15 分		
			B 档 12～13 分		
			C 档 10～11 分		
			D 档 8～9 分		
特色创新	15 分	① 理念先进，立意新颖，构思独特，技术领先 ② 广泛适用于实际教学，有较大推广价值	A 档 14～15 分		
			B 档 12～13 分		
			C 档 10～11 分		
			D 档 8～9 分		

注：上述表格是 2015 年全国职业院校信息化教学大赛教学设计赛项所用评分表

课 后 训 练

1. 什么是教育技术？信息技术和教育技术是什么关系？
2. 什么是课程设计？宏观、中观、微观课程设计分别指的是什么？
3. 一门课的课程设计应该具备哪些理念和思路？
4. 一堂课的教学设计都包含哪些步骤和内容？
5. 请学员结合自己的专业，设计一堂课的授导型教学设计方案，在设计过程中要注意信息技术的应用。
6. 请学员结合自己的专业，设计一门课的探究型教学设计方案，在设计过程中要坚持信息化教学设计的基本原则。

拓 展 资 料

［1］Dick W，Carey L，Carey J O．教学系统化设计．汪琼译．北京：高等教育出版社，2013．

［2］董丞明．现代教育技术培训教程．郑州：大象出版社，2008．

［3］何克抗．教育技术培训教程．北京：高等教育出版社，2005．

［4］祝智庭．教育技术培训教程．北京：北京师范大学出版社，2006．

［5］凌静．职业教育"2W2H"教学设计．北京：中国科学技术出版社，2008．

［6］赵志群．职业教育工学结合一体化课程开发指南．清华大学出版社，2009．

［7］李雄杰．职业教育理实一体化课程研究．北京：北京师范大学出版社，2011．

第 3 章
教学组织形式与实施

教学组织是指为完成特定的教学任务，教师和学生按一定要求组合起来进行教学活动的结构，是教学设计的具体实施。其形式不是固定不变的。尤其在信息化教学环境下，教学组织形式更加多样化，实施过程也因教师本身的信息素养的不同而千差万别。但不管用何种信息技术，提高课堂教学的有效性是至关重要的。其中有效性主要是指通过教师在一种先进教学理念指导下经过一段时间的教学之后，使学生获得具体的进步或发展的程度。

学习要点

- 理解教学组织形式的内涵及其作用
- 掌握并合理利用信息技术组织与实施教学过程

3.1 基于信息化教学环境的教学组织与实施

情境描述

经济与社会迅速发展，信息技术日新月异。随着多媒体技术、通信技术和网络技术的飞速发展，信息技术在教育教学中的应用逐步深入并且日渐成熟。以信息技术为主导的现代教育技术带来了教学组织模式的深刻变革，传统教育面临着前所未有的巨大挑战。而在信息化教学环境下，传统教学组织模式和信息化教学组织模式只有不断相互融合、相互借鉴、取长补短，才能符合现代化教学的要求，从而实现融合和发展。

完成任务

通过具体的教学案例（见3.1.4小节），讨论、分析教学组织形式与实施过程中信息技术的作用。讨论过程中，请学员注意结合自己在实际教学过程中的体会。

知识与技能

3.1.1 教学组织形式的含义与实施策略

信息技术不仅仅是指"一系列与计算机相关的技术"，凡是用科学的方法解决信息处理和加工中的问题的技术，包括实际的应用和理论上的方法、技巧，都归属于信息技术。简单地说，凡是可以扩展人的信息功能的技术，都是信息技术。

教学组织形式就是围绕既定教学内容，在一定时空环境中，师生相互作用的方式、结构与程序。首先，教学组织形式是围绕一定的教学内容而设计的，不同的教学内容必须有与之相适应的组织形式，如陈述性知识的教学可采用集体授课的方式，而表现为各种技能、技巧的程序性知识则应尽可能做到教学的个性化；其次，教学组织形式直接体现为师生相互作用的方式，这种作用方式既可以是直接的，也可以是间接的，既可在班集体中进行，也可在小组内或个体间进行；最后，师生的活动必须在一定的时空背景中完成，且要遵循各种互动方式所要求的规范和程序。总之，教学组织形式将教学系统的各个要素以一定的教学程序连接起来，以确保教学活动的顺利完成。

教学组织形式的作用：采用合理的、科学的教学组织形式有利于提高教学工作的效率，并使各种有效的教学方法、手段得以在相应的教学组织形式中应用。只有将不同的教学方法、手段运用于相应的教学组织形式中，才能充分发挥其效用。一般来说，教学组织形式的改进总是同教学方法的改革乃至整个教学体系的改革融为一体的。在教学实践中，人们很难将教学组织形式同教学方法截然分开，只是为了理论研究的方便才把它抽出来作为独立的范畴分别考察。教学组织形式同教学方法及整个教学活动模式的关系，决定了教学组织形式的合理与否，对教学活动的开展和效果具有直接的影响。

教学组织形式的主要类型：我国当前教学组织形式主要有班级授课（如图3-1所示）、小组合作学习（如图3-2所示）和个性化学习（如图3-3所示）3种类型。

图3-1　班级授课

图3-2　小组合作学习

教学实施是实现教学目标的中心阶段。教学实施策略的选择既要符合教学内容、教学目标的要求和教学对象的特点，又要考虑在特定教学环境中的必要性和可能性。尤其在信息技术高速发展的环境下，如何利用信息手段来优化课堂教学，选择教学实施策略是至关重要的。尤其是职业教育，由于专业的差异性，教学的实施过程千差万别。适合的，才是最好的。"教无定法，贵在得法"是教学实施效果的最好评价。

图 3-3　个性化学习

3.1.2 基于信息化教学环境的教学组织和教学实施的研讨

在该任务中，教师提出任务，各组组织学员完成如下内容。
（1）以网络群组形式将表 3-1 发给每个学员。
（2）讨论本教学组织与实施案例中所用的信息技术。
（3）分析各种信息技术在教学实施过程中所起的作用。
（4）分组讨论学员所在学校的信息技术的应用情况。
（5）以电子形式在规定时间内回收问卷（见表 3-1）。
（6）以 Excel 表格形式汇总问卷，并以图表方式呈现统计汇总结果。

表 3-1　信息技术在教学组织实施过程的应用现状问卷表

序号	项目	说明
1	本教学组织的实施过程中信息技术所起的积极作用	
2	本案例在信息技术使用上有何不足之处	
3	在教学实施过程中使用信息技术的动因是什么	
4	您所在学校的教学环境是否具备基于信息技术的教学组织和实施	
5	信息技术在教学组织与实施过程中使用频率取决于国家相关政策	
6	信息技术在教学组织与实施过程中使用频率取决于学校有效措施	
7	信息技术在教学组织与实施过程中使用频率取决于教师信息素养	
8	信息技术在教学中使用频率取决于学生使用信息工具水平	

3.1.3 信息化教学环境下出现的新的教学组织形式

信息技术的迅速发展带来了教学组织形式的变革，传统教学和网络教学组织形式必将共同存在和发展。网络教学是网络技术、多媒体技术和远程教育教学理论相结合的产物，不受时空的限制，使师生能够共享优质的教育资源，带来了传统的教学思想、教学模式、教学组织形式的变革。无论是慕课，还是翻转课堂，都只是教学组织形式中的一部分，教学组织形式将来必然走向混合式学习，或称为泛在学习。

Singh & Reed 提出的混合式学习（B-learning）是指在"适当的"时间，通过应用"适当的"学习技术与"适当的"学习风格，对"适当的"学习者传递"适当的"能力，从而取得最优的学习效果的学习方式。

何克抗教授提出的混合式学习是指把传统学习方式的优势和网络化学习的优势结合起来，也就是说，既要发挥教师引导、启发、监控教学过程的主导作用，又要充分体现学生作为学习过程主体的主动性、积极性与创造性。

泛在学习（U-Learning），顾名思义就是指无时无刻的沟通，无处不在的学习，是一种任何人可以在任何地方、任何时刻，利用任何设备获取所需信息的 4A（anyone、anytime、anywhere、anydevice）学习方式。

泛在学习的目标就是创造让学生随时随地、利用任何终端进行学习的教育环境，实现更有效的以学生为中心的教育。在泛在学习环境中，学生根据各自的需要在多样化的空间、以多样化的方式进行学习，即所有的实际空间都成为学习的空间。知识的获得、储存、编辑、表现、传授、创造等最优化的智能化环境将提高人们的创造性和问题解决能力。

1. 泛在学习的特点

- 持续性：学习者能一直保持在学习状态除非自己取消学习要求，并且学习过程是连续的、无缝的。
- 可获取性：学习者可以访问到的学习资料形式包括文字、图片、视频、音频等任何形式。
- 及时性：学习者不管在哪里，都可以直接从服务器或是从对等网络中获取及时性信息，如单击学习在线视频即可实现即时播放。

- 交互性：学习者可以通过同步或异步的方式与其他学习者讨论交流，实现信息交互、学习互动。
- 主动性：当服务器定位到有用户进入所属区域时，会主动发送服务内容，供用户选择，主动提供服务。
- 教学行为的场景性：学习过程可以融入学习者的日常生活中。学习者所遇到的问题或所需的知识可以以自然有效的方式被呈现出来。这会帮助学习者更好地注意问题情境的特点。

2. 泛在学习的优势

- 就泛在学习的本质特点而言，它是"以人为中心，以学习任务本身为焦点"的学习方式。
- 在泛在学习环境下，学习是一种自然或自发的行为。学习者可以积极主动地进行学习。学习者所关注的将是学习任务和目标本身，而不是外围的学习工具或环境因素。
- 学习者可以在任何地点、任何时间，获得他们所需要的文档、数据和视频等各种学习信息。这些信息的提供是基于学习者自身的需求的，因此，学习是一种自我导向的过程。
- 随着移动互联网的普及深入，泛在学习将会是网络环境下未来的主流学习方式。

泛在学习（U-learning）是数字学习（E-learning）的延伸，克服了数字学习的缺陷或限制。由于移动通信技术的进步，移动学习（M-Learning）逐渐被引入泛在学习体系。

3.1.4 信息化教学环境下优化教学组织与实施的策略

信息化教学环境下优化教学组织与实施的策略包括以下 4 个方面。

1. 优化物理环境，构建泛在学习的硬条件

优化物理环境是实现网络教学组织形式优化发展的基础，师生分别处于不同的物理环境中，构建适合异地学习者的学习环境成为重点。异地学习终端在人数多少、信息设备配备、课桌椅摆放等方面必然存在着差异。教学者需依据职业教育各专业的差异和实际教学内容，利用先进信息技术设备构建适宜的泛在学习环境，以提高教学效果。

2. 优化教学过程，构建泛在学习的软条件

传统教学主要在课堂授课中达成教学目标，网络教学也应当构建以同步视频互动教学为核心的教学组织系统。"多终端同步视频互动"网络教学平台设计理念就是：授课终端和多个异地学习终端组成一个虚拟的班级，各个异地学习终端相当于班级中的学习小组；教师在授课终端进行课程讲授，并且对异地学习终端实时监控；异地学习终端能够实时看到教师终端和其他异地学习终端的视频；通过多终端同步视频互动可以完成教师讲授、师生同步互动问答、学生间同步交流讨论等过程。

3. 转变互动方式，构建立体的师生交互系统

师生有效互动是网络教学取得良好教学效果的关键，最有效的互动方式还是面对面的互动。传统课堂教学中师生所进行的交互活动自由、充分，有助于教学目标的达成。虽然当前网络同步视频互动教学在形式上能够基本实现传统教学的环节，但与传统授课过程相比，其有效性存在着不可避免的差距。这就使得单纯依靠同步视频互动授课达到与传统课堂授课同样的授课效果，存在明显的困难。因此，需充分利用技术工具构建立体的互动系统，有效弥补同步视频授课的不足，保证教学目标的顺利达成。

4. 优化资源管理，构建学习资源动态推送系统

网络资源平台提供的课程资源不仅涵盖全面而且内容表现形式丰富多样，但是实际利用效果却不容乐观。网络资源特别是精品课程往往以资源建设为中心，将优质资源充分整合，试图提供最为系统的资源，形成以网络课程资源为基础的网络资源教学组织。但是这种方式也逐渐显现出一些不足，比如资源平台建设投资大、耗时长、资源重复建设、建设资源利用率低等问题。网络资源平台标准化建设对于学生个性化学习的适应性往往不高，学生往往需要花费很长时间找到需要的资源，而且常常出现"迷航"现象。要提高资源利用率、打造真正服务于学生的异地学习平台需要转变资源建设观念，构建以学习者为中心的学习资源动态推送系统。学习资源动态推送系统既实现了资源的合理构建，又提高了学习者对资源的使用管理效率。学习资源推送系统由被动提供资源转变为动态推送资源，改变了以被动提供资源为主的资源构建模式，真正转向了以学生为中心的资源组织模式，达到了对于学习资源最有效利用的目标。

课堂训练

以下为真实教学案例，用以研讨影响教学组织与实施的因素。

第一部分：导入

教师：咱们班同学刚排练了一个情景剧，给大家展示一下好吗？

学生：好！

情景剧梗概：三国时期的华歆在孙权手下时，名声很大，曹操知道后，便请皇帝下诏召华歆进京。华歆起程的时候，亲朋好友千余人前来相送，赠送了他几百两黄金和礼物。华歆不想接受这些礼物，但他如果当面谢绝肯定会使朋友们扫兴，伤害朋友之间的感情。于是他便暂时来者不拒，将礼物统统收下来，并在所收的礼物上偷偷记下送礼人的名字，以备原物奉还。

华歆设宴款待众多朋友，酒宴即将结束的时候，华歆站起来对朋友们说："我本来不想拒绝各位的好意，却没想到收到这么多的礼物。但是，匹夫无罪，怀璧其罪。想我单车远行，有这么多贵重之物在身，诸位想想我是否有点太危险了呢？"

朋友们听出了华歆的意思，知道他不想收受礼物，又不好明说，使大家都没面子，他们内心里对华歆油然而生出一种敬意，便各自取回了自己的东西。

（同学们的表演很精彩，掌声鼓励。）

教师：请同学们讨论华歆谢绝朋友馈赠的技巧和方法。（学生讨论5分钟。）

总结：假使华歆当面谢绝朋友们的馈赠，试想千余人，不知道要推却到什么时候，也不知要费多少口舌，搞得大家都很扫兴，使大家都非常尴尬。而华歆却只说了几句话便退还了众人的礼物，又没有伤害大家的感情，还赢得了众人的叹服，真可谓一箭三雕。

华歆为什么能够成功地谢绝馈赠呢？

这主要是因为华歆注意保全朋友们的面子，他在拒绝朋友时，没有坦言相告，而是找了一个自己人身不安全的理由，虽然朋友们也知道他是在故意推辞，但不会介意。因为华歆委婉地拒绝他们并没有让他们丢面子。

同学们，今天我们就来学习"学会委婉说'不'"这一课题，也就是学习如何委婉拒绝他人。

注意：这个情景剧都是围绕他在宴请上的变化展开的，展开的过程中老师不时提出问题引导学生发现情景剧的线索，最终引出本节课的知识。

第二部分：用多媒体展示方法、技巧

幻灯片内容：为什么要婉转拒绝？

在实际生活中，有时为了充分维护自己的合法权益（如时间、利益或财产等）不受侵犯，我们需要拒绝，需要说"不"。但如何婉转地、恰当地、合理地、行之有效地表达拒绝的意思，在对别人说"不"时，既要自己不觉得内疚，又不伤害彼此间的和谐关系，却是一门高深的学问，甚至可以说是一门艺术。因为婉转而又得体的拒绝，您所表现出来的则不仅仅是对别人的关心和尊重，同时也是对自己的关心和尊重。

委婉拒绝，就是用温和婉转的语言，去表达拒绝之意。与直接拒绝相比，它更容易被接受。因为它在更大程度上，顾全了被拒绝者的自尊。

心理导读：您敢对别人说"不"吗？如何才能合理拒绝别人请求的同时又不让对方难过呢？请看看以下拒绝别人的方法、技巧吧。

委婉拒绝常见的几种方法：

（1）先顺其意说，后说明不能应答的理由。比如："这个建议非常好，但我们不能马上就采用。"

（2）换个说法，暗示对方，使对方知难而退。

（3）不直接谈自己的看法，而讲其他人的看法。

（4）拒绝对方的请求，但是给其提供替代方案。

第三部分：真实案例分析

实例：视频展示《红楼梦》第3回中林黛玉谢绝邀请的一段话。请仔细揣摩黛玉的回话，从如何体现其委婉、得体的角度作简要分析。

"邢夫人苦留吃过晚饭去，黛玉笑回道：'舅母爱惜赐饭，原不应辞，只是还要过去拜见二舅舅，恐领了赐去不恭，异日再领，未为不可。望舅母容谅。'邢夫人听说，笑道：'这才是。'于是黛玉告辞。"

（留给学生们讨论5分钟。）

总结：与情景表演的幽默性、趣味性相比，视频展现出来的则是生动，让学生找出视频中的各个人物的关键语言所在，重点从林黛玉、邢夫人的语言和表情以及达到的效果分析。

林黛玉简短的回话中包含了3层意思：

- 充分肯定了对方的美意。
- 申述了自己尽快离去的正当、充分的理由。
- 表示改日一定从命，请求对方谅解。

黛玉的回话显得十分委婉、得体，得到了主人（邢夫人）的理解和尊重。这一案例使本节知识点"学会委婉说'不'"得到巩固。

教师：看完了例子，想必大家已经对知识有所理解和掌握。下面，我们进行实战练习。

第四部分：实战练习

题目 1　长假期间，您乘火车出游。途中，邻座的小伙子拿出一瓶饮料请您喝。您想起学过的安全知识，于是礼貌地拒绝了小伙子。请将您婉转拒绝的话写在下面。

题目 2　假如您是校篮球队队长，您的好友小明多次让您推荐他加入球队，而他的球技确实不佳。当他再次向您提出要求时，您该如何婉转拒绝呢？

题目 3　《中学生日常行为规范》规定中学生："不许进入营业性网吧"，但一些同学仍背着家长和老师上网吧，网吧老板也违规经营。对此，您作为一名中学生，怎能袖手旁观？于是，您到网吧找朋友王亮。

您会对正贪恋上网的王亮说什么？您会对违规经营的网吧老板说什么？

学生分组讨论 5 分钟，然后各组代表发言。

参考方案：

题目 1　谢谢您，我不渴，刚喝完一瓶"农夫山泉"呢。您留着自己喝吧。

题目 2　小明，实在抱歉，我觉得现在您跟球队的要求确实有距离。咱俩还是一起再练练吧，到时候我肯定推荐您加入。

题目 3　① 王亮，我现在有一些题还没做，您呢？也没做吧。我们还是先回家去把作业做完吧。② 老板，我想叫正在您这儿上网的王亮同学一起回家做作业，我想您一定会支持我的，是吗？（内容明确，语气婉转）

注意：实战练习是对课堂内容的拓展，是对学生思维的扩展。"学会委婉说'不'"是每个人在社会活动中需要终身面对的课题，把这个问题摆在学生面前，可以为学生未来更好的社交活动打下基础。

在该活动中，教师提出任务，并组织学员完成以下内容。

（1）以网络群组形式将表 3-2 发给每个学员。

（2）讨论影响教学组织与实施的因素。

（3）以电子形式在规定时间内回收问卷（见表 3-2）。

（4）以 Excel 表格形式汇总问卷，并以图表方式呈现统计汇总结果。

表 3-2　影响教学组织与实施的因素

技　能	项　目	是/否
信息素养	教学实施过程中遇到信息技术问题（如死机、无法联网）时知道如何解决	
信息素养	教师在工作与生活中是否了解很多不同的信息技术	
信息素养	教师能掌握所需的信息技术的相关技能	
信息素养	在工作中是否有机会能够使用各种信息技术	
专业技能	教师了解本专业的信息技术（软件）	
专业技能	教师能选择合适的技术（动画、视频、虚拟仿真等）展现专业知识，帮助学生更好地理解	
专业技能	教师能帮助学生使用信息技术解决具体问题	
整合技能	教师仔细思考过在课堂教学中使用何种技术	
整合技能	教师是否能选择恰当的信息技术优化课堂教学方式	
整合技能	教师能选择恰当的信息技术优化教学组织与实施	

3.2 研讨教学组织与实施

情境描述

不同的专业性质，或同一专业的不同课程，在使用信息技术时效果差异性很大，不能为了信息技术将无关的媒体技术强加到课堂上，而是要把培养学生的创新能力放在首位，再谈组织形式和实施过程，最后再考虑如何运用现代信息手段来提高课堂教学效果，最终才能实现学习者的自主学习。

完成任务

学员分组讨论交流，通过交流，深刻理解信息化对教学组织形式和实施过程的真正内涵，进而在教学过程中自觉提高自身的信息化素养，将合适的信息技术灵活地应用到课堂上，以提高教学效果。

知识与技能

3.2.1 教学实施的本质

1. 教学实施的目标

（1）构建合理有效的教学管理体系，形成具有本校特色的有效教育教学管理模式。

（2）通过专家讲座、校内外教师教学交流、组织教师学习有关教学理论等方式，提高广大教师对有效教学的认识和理解；集中分析排查课堂教学活动中"无效、低效教学行为"。

（3）加强对"有效课堂教学"的研究，树立正确的有效教学理念，形成"关注课堂，讲究效益，提高质量"的价值取向，推进有效教学过程管理，整合校内一切资源，推动有效教学的深入开展。

（4）注重有效教学环节的组织与落实。认真做好备课、上课、练习、作业批改与辅导和检测"五有效"的管理，突出有效性、互动性、全员性和差异性特征。明确有效课堂教学的各个环节，对所存在的问题提出改进方案，着力提高课堂教学质量。

（5）着力研究有效课堂教学的准备工作，落实集体教学研究活动制度，强化集体备课行为，充分发挥教研组骨干教师的引领示范作用，有效利用各类教育资源，注重对教材、教法和学法的研究。

（6）反思、总结、改进，推进信息技术在有效教学活动中产生积极作用。

2. 教学实施的原则

（1）理论实践相结合原则。将研究活动贯穿于整个教学过程中，努力在教学研究中发现问题并将研究的成果应用于教学实践活动中去，在实践中领悟，在领悟中升华。

（2）互助学习原则。以学科教研组为单位，以教研组教学研究活动为平台，组织教师形成学习共同体，积极营造互相听课、评课、平等研讨的氛围，构建互动的研究方式，在思维碰撞中达成共识。

（3）自我评价反思原则。教师通过集体备课、教后感、听后感等形式，及时反思课堂教学行为，总结问题，找出方法，提高能力。

3.2.2 翻转课堂的内涵

翻转课堂即 flipping classroom，也称为颠倒课堂，就是颠倒了传统的教学，在课前提供在线指导，将课后作业带入课堂完成的教学组织形式。

翻转课堂主要分为两个步骤：创建教学视频和组织课堂活动。课前，学生根据教师提供的教学视频完成学习，并将遇到的问题进行记录，向老师反馈。课上，教师根据学生反馈的问题设计有效的学习活动，学生之间通过协作完成学习、解决难题，进而完成知识的内化。

通过传统课堂与翻转课堂中各个要素的对比（见表3-3）不难发现以下3个转变。

表3-3 传统课堂与翻转课堂对比表

要 素	传 统 课 堂	翻 转 课 堂
教师	知识传授者、课堂管理者	学习指导者、促进者
学生	被动接受者	主动学习者、探究者
教学组织形式	课堂讲解+课后作业	课前学习+课堂探究
教学内容	知识传授	问题探究+协作学习
技术支持	内容直接展示	自主学习、交流反思、协作讨论工具
评价方式	课后作业+试卷测试	多角度、多方式

1. 教师和学生角色发生转变

在翻转课堂中，教师是学生学习过程中便捷地获取资源、利用资源、处理信息、应用知识到真实情境中的帮助者。教师在学生需要指导时，向他们提供必要的知识、技术和技能等支持。而学生在课前可以自由选择学习场所、学习时间、学习内容等，控制自己的学习进度、深度和方向。学生在课上根据自己的学习情况，与同学、教师进行交互，完成学习任务，获得更具深度的知识。在现代教育技术的支持下，学生实现了个性化的学习，真正成为课堂的主角。

2. 学习时间发生转变

时间是所有学习活动的基本要素。在翻转课堂中，教师的讲授时间大部分转移到了课前。教师利用现代信息技术，录制教学视频，设计课前练习、考核测评等，并通过网络学习平台及时、客观地掌握教学反馈。学生的学习时间延伸到了课前，学生利用教学视频进行自主学习，利用网络平台和交流软件与师生互动。在课上，大部分时间则用于让学生完成作业。学生通过小组讨论、团队协作等完成学习任务。教师对学生进行有针对性的辅导。

3. 教学资源呈现方式发生转变

在翻转课堂中，短小而精悍的教学视频是翻转课堂教学资源的重要组成部分，教学视频最佳时长为 5~10 分钟。学生可以在较为轻松的学习环境中进行学习，通过媒体播放器播放教学视频，学生可以根据自己的情况，暂停、跳过或者回放教学内容。并且遇到不会的内容时可以通过网络平台或者交流软件与同学和教师进行交流探讨，寻求帮助。并且教学视频中的内容是永久保存的，方便学生进行知识复习和巩固。

翻转课堂作为一种课堂教学组织新形式，在推行中面临着很多的挑战：如学校的已有的教学设施能否支撑翻转课堂的开展；不同的学科如何采取适合的策略应用翻转课堂；教师专业能力和信息素养如何提高、加强；学生的自主学习能力和信息素养如何培养、提升等。

目前，这种颠覆性的翻转课堂在职业教育教学中是否值得推广、如何推广，有待职业教育界同仁深入探讨。上一章的学习者分析显示，职业学校的学生基础素质薄弱，自主学习意识不强，这种以课下自主学习的翻转课堂是否能够实现，是否能够保证教学质量，值得我们深思。

3.2.3 自主学习的实质

自主学习，即学生在学校教育范围内的自主学习，是指学生在教师的科学指导下，自觉能动地、创造性地学习，实现自主性发展的教育实践活动。美国学者 Zimmerman（齐默尔曼）的自主学习理论中提出了自主学习的研究框架（见表 3-4），如果学习者在"科学问题"一列的 6 个方面都能够选择和控制，那么学习就是自主的，否则就不是自主的。

表 3-4 自主学习的研究框架

科学问题	心理维度	任务条件	自主实质	自主过程
为什么学	动机	选择参与	内在的或自我激发的	自我目标、自我效能、价值观、归因等
如何学	方法	选择方法	有计划的或自动化的	策略的使用等
何时学	时间	控制时限	定时而有效	时间计划和管理
学什么	学习结果	控制学习结果	对学习结果的自我意识	自我监控、自我判断、行为控制、意志等
在哪里学	环境性	控制物质条件	对物质环境的敏感和随机应变	选择、组织学习环境
与谁一起学	社会性	控制社会环境	对社会环境的敏感和随机应变	选择榜样寻求帮助

对在校学习的学生来说，学校是学习的主要场所和主渠道，教师是最主要的施教者。自主学习要求施教者应以学校教育为主阵地，同时辅之以必要而科学合理的家庭教育和社会教育，使学生通过自主学习，学会求知、学会做人、学会健体、学会审美、学会生活、学会交往、学会劳动、学会生存，具备与现代社会需要相适应的学习、生活、交往、生产以及不断促进自身发展的基本素质。

自主学习所包括的要素有：

愿学、乐学——调动并形成强烈的学习动机，增加学习的兴趣，使学生愿学和乐学，解决学生中存在的厌学、逃学的问题。

会学、善学——要强化学法指导，使学生知道怎么样学习才能省时省力效果好。在新的形势下，使受教育者掌握多样亿的学习技能和方法，改变盲目学习的状况，是实现学生自主发展的重要目标之一。

自醒、自励、自控——这些要求主要属于学生健康心理素质的发展目标。自主学习要求学生不仅要把学习内容作为认识的客体，而且要将自己作为认识的客体。要对自己做出客观正确的自我评价，从而对自己的行为进行自我激励、自我控制、自我调节，形成健康的心理品质，使自己的注意力、意志力和抗挫折能力不断提高。

适应性、选择性、竞争性、合作性、参与性——要使学生学会适应，要主动适应，而不是被动适应；要适应生活，适应学习，适应环境。允许并鼓励学生根据自己的素质和兴趣发展自己的特长。赋予学生有选择学习内容、学习方式、学习方法的权利，按照全面发展与特长发展的要求，对学生的偏科倾向科学引导，并鼓励学生发展自己的优势和特长。

要改善办学条件，为学生进行选择性学习提供更多的图书、报刊、信息、学习技术及学习手段。鼓励学生追求与自己情况相适应的较高目标，培养他们的进取心和成功欲望，鼓励竞争。在文化学习、体育比赛、技能训练、生活适应能力等方面鼓励竞争。

主动合作、乐于合作、善于合作是人类赖以存在与发展的社会基础，是人的良好品质。要创造环境，使学生增强合作意识，培养合作精神。鼓励所有学生都成为学校内活动的积极参与者。通过参与，达到主动学习、主动锻炼、主动发展与提高的目的。

3.2.4 通过说课形式展示优化后的教学设计

说课就是教师口头表述具体课题的教学设想及其理论依据，也就是授课教师在备课的基础上，面对同行或教研人员，讲述自己的教学设计，然后由听者评说，达到互相交流，共同提高的目的的一种教学研究和师资培训的活动。说课既可以是针对具体课题的，也可以是针对一个观点或一个问题的。简言之，说课其实就是说说您是怎么教的，您为什么要这样教。

说课的内容是说课的关键。不同的说课类型说课的内容自然也不同。说课可以分成两大类：一类是实践型说课，一类是理论型说课。实践型说课就是指针对某一具体课题的说课。而理论型说课是指针对某一理论观点的说课。

1. 实践型说课包含内容

（1）说教材。说课者讲述教材简析、教学目标、重点难点、课时安排、教具准备等，简单地说，其目的是让听的人了解说课者要说的课的内容。

（2）说教法。说课者根据教材和学生的实际情况，讲述准备采用哪种教学方法。内容应该与总体上的思路有关。

（3）说过程。这是说课的重点。说课者讲述其准备怎样安排教学的过程,为什么要这样安排。一般来说,应该把教学中的几个重点环节说清楚,如课题教学、常规训练、重点训练、课堂练习、作业安排、板书设计等。在几个环节中要特别注意把教学设计的依据说清楚。这也是说课与教案交流的区别所在。

2. 理论型说课包含内容

(1) 说观点。理论型说课是针对某一理论观点的说课,所以说课者首先要把自己的观点说清楚,赞成什么,反对什么,要立场鲜明。

(2) 说实例。理论观点是要用实际的事例来证实的。说课中要引用恰当的、生动的例子来说明自己的观点,这是说课的重点。

(3) 说作用。说课不是纯粹的理论交流,它注重的是理论与实践的结合。因此说课者要在说课时结合自己的教学实践,把该理论在教学中的作用说清楚。

课堂训练

学员在第 2 章的学习中已经完成了一堂课的教学设计方案,现在以说课形式描述该教学设计方案实施过程(包含设计思路、课堂教学与互动、作业与交流等,每组时间为 10 分钟)。

在本任务中,学员将结伴互评所设计的教学实施方案。

请与您的学伴结对,互评彼此的教学实施方案,交流心得。在评议过程中,重点需要考虑以下 4 个方面。

(1) 主题明确性。有明确的教学主题,且对主题目标的实现提供了比较明晰的脉络。

(2) 环境合理性。对教学实施的环境进行了详细规划,且设计的环境对于实现教学目标、支持学生理解主题等都能提供有效帮助,尤其要考虑基于信息技术的教学环境。

(3) 准备充分性。认真考虑了教学实施环节中的诸多细节,并能够详细列出在教学实施过程中可能运用到的各种信息技术手段。

(4) 可运作性。规划方案中的各环节都能够实施,且对教师如何监控教学实施过程等进行了缜密规划。

此外,还可以结合职业学校学生的知识与技能基础、对学生进行分组的策略、教学过程中可能出现的突发事件等进行评议,通过评议过程,进一步理解制订教学实施方案所需要关注的重点。

根据评分表(见表 3-5)相互打分,以电子形式通过网络传到指定服务器上。

表 3–5 说课评价表

评价指标	评价因素	权 重
（1）教学目标明确具体 20 分	① 教学的知识、能力、思想教育目标完整、具体、明确	10 分
	② 确定教学目标的依据充分，即符合教学大纲要求、教材内容和学生特点，能够实现	10 分
（2）教材分析透彻 25 分	① 对所选课题在教材中地位、作用的理解、分析正确，准确把握教材的知识结构和体系	10 分
	② 教材处理科学合理	10 分
	③ 教学重点、难点确定准确；分析透彻，确定的依据充分	5 分
（3）教学方法的选择和运用科学、实用 30 分	① 教学的总体设计合理，有新意，有自己的见解	5 分
	② 教学程序的设计科学，能实现教学目标	5 分
	③ 导入、结束等重要教学环节和重点、难点知识教学的教法设计符合学科特点，能调动学生的学习积极性，培养能力，有机地进行教学	5 分
	④ 教法设计的依据科学，与学法相统一	5 分
	⑤ 教具、教学手段的选用有助于提高课堂教学效率	5 分
	⑥ 板书设计科学	5 分
（4）教学对象的分析准确、对策恰当 5 分	① 学生学习本课程的原有基础和现有困难分析准确	2 分
	② 采取的教学对策有助于克服学生的学习困难和心理障碍	3 分
（5）操练活动明确、到位 10 分	① 操练目的明确、具体，与本课程的教学目标相统一	3 分
	② 操练活动的设计，面向全体学生，体现层次性	3 分
	③ 操练方法得当，有助于学生语言能力的形成	4 分
（6）答辩正确清楚 10 分	① 答辩准确无误	5 分
	② 层次清楚、有理有据	5 分
（7）总体评价	整体说课内容充实，逻辑性强，层次清楚，语言简明扼要，有教学改革创意	100 分

　　学员参考打分结果和互评意见对教学实施方案进行修改，优化教学组织与实施。根据说课互评结果，分组进行设计优化。

　　根据学员所在学校信息环境情况，对学伴的教学实施方案进行互评。

评价表见表3-6。

表3-6 基于信息技术环境下的教学实施方案评价表

评价内容	A（3分）	B（2分）	C（1分）
课前对内容和学情分析的准确性			
电子资料与方案准备的完备性			
教学过程中利用信息技术交互的合理性			
学生在课堂的参与度			
学生利用信息手段的积极性			
利用了信息手段进行学习反馈的程度			

3.3 教学实施反馈

情境描述

美国教育心理学家加涅认为："学习的每一个动作都需要反馈，反馈是学生学习的重要条件"。反馈是控制论的重要概念。通俗地说，反馈就是指由控制系统把信息输送出去，又把其作用结果返回来，并对信息的再输出发生影响，起到控制的作用，以达到预定的目的。课堂可以看成教师和学生之间的信息传递与反馈的控制过程。而课堂教学效果是由学生的学习效果决定的。所以调控好课堂教学过程，使教与学处于优化、平衡的状态，是有效教学的必要条件和基本保证。实现这一调控的方法就是反馈。

教学实施反馈是进一步优化教学设计的必备条件，是教学效果提升的关键。

完成任务

学员分组讨论，研讨相关知识和概念，理解掌握教学实施反馈在教学过程中的重要性。

知识与技能

3.3.1 传统教学实施后的反馈

1. 教学实施过程中有效反馈

课堂教学过程中的反馈包括两个方面：一方面是指教师在教学中随时针对学生在掌握知识与技能中反映出来的情况进行分析，并及时采取措施，对后面的教学过程进行调整，以保证达到最佳的教学效果。另一方面，在教师进行"反馈→控制"的同时，每个学生也都在进行着微观的"反馈→控制"，学生在学习过程中，接受了教师和教材的信息之后，通过回答问题、练习等取得自我反馈，对正确的进一步强化，对错误进行纠正，从而逐步加深记忆和理解，直至掌握和灵活运用。由于任何教学都必须通过学生自身的学习建构活动才有成效，所以在探讨教学反馈时必须关注学生的学习反馈。

2. 教学实施过程中有效反馈的分类

任何一门课程，都是为了建构学生知识体系、培养创新思维能力和实践操作能力，教师在教学过程中很容易获得大量的反馈信息。反馈信息一般有以下类别：直接反馈（如：做错与做对、有无逻辑矛盾等）与间接反馈（如：表情、声音、动作、专心程度等）；瞬时反馈（如：设问与答问、难点突破、课堂上及时检查学生是否理解与掌握等）与延时反馈（如：课后思考、方法总结、知识系统化等）；集体反馈（如：通病、集体答问、共鸣感等）与个别反馈（如：个别理解障碍和质疑等）。

3. 课堂教学中有效反馈的 4 种方法

教师获取教学反馈信息，主要的目的都在于提高课堂教学效益。一般来说，主要途径和方法有以下 4 种。

（1）观察式。观察学生的眼神，可以获取对教学效果的有益反馈。教育家苏霍姆林斯基说过："对一个有观察力的教师来说，学生的欢乐、惊奇、疑惑、受窘和其他内心活动的最细微的表现，都逃不过他的眼睛。"即是说上课时，要洞察入微，根据学生"写"在脸上的表情：误则正之，深则浅之，难则易之，快慢适中，详略得当，疏密有度。要用自己的目光与学生的目光进行畅快地"对话"，将学生的活动"尽收眼底"，用目光施加影响。

（2）问题式。课堂教学的关键在于启发学生的思维，理解和掌握的教学目标，用问题式教学方法进行教学是最有效的方法，同时也是获取学生信息反馈的有效方式。通过对学生设问，让学生思考、讨论、解答，可以准确地找到学生的思维障碍，了解学生的掌握程度，从而调整教学策略。

（3）举手表态式。学生随着年龄的增长，课堂举手表态的人数与年龄成反比。学生在课堂上举手，是学生全面参与教学的体现，对教学者来说，也是一个便捷明确获取瞬时反馈信息的方式。有效的课堂教学，必须有学生的举手表态和主动参与。

（4）课堂检查式。课堂练习与检查，是教学实施过程常用的方法。讲练结合，练查结合，及时对学生反馈的信息进行指正，从而达到"巩固"知识、方法的目的。

4. 如何高效运用课堂反馈

课堂反馈作为教学环节的重要一环，是一项技术性很强的系统教学过程。教师还需从以下方面努力，提高自己运用课堂反馈的能力。

（1）全面性与准确性。努力提高反馈信息的准确度和代表度。就是要求教师要面向全体学生，只有全员参与，全员互动其信息才具有准确性和代表性。作为教师，基本上都存在喜爱优等生的现象，而恰恰在讲究民主、和谐的现代课堂，偏爱"尖子"学生，带来的肯定是信息的失真，课堂教学的失败。

（2）深刻性与针对性。教师课堂上所获得的反馈信息，往往是表面现象。教师如果就事论事地评价信息，那么教学指导就必然缺乏深刻性和针对性。例如，在教学检查和练习反馈中教师发现学生解题上有错误，就必须分析差错产生的原因。教师必须提高控制教学活动的水平，激发学生学习兴趣、强化学习动机，从根本上帮助学生学习。

（3）多样性与层次性。对一个概念的认识和掌握存在着不同的层次，这是因为学生的学习过程总是从较简单的知识逐步过渡到较复杂的知识，从较低水平过渡到较高水平。教师对每一层次练习结果都要及时反馈，这样才能保证学生较好地掌握这方面知识。另外在反馈时，练习设计的形式要活泼多样，切忌单调、重复。兴趣是最好的老师，好奇是学生的普遍心理。单一式的练习，学生会感到单调乏味。为了使反馈高效，教师必须从题型到要求，进行周密考虑，精心构思设计多变换形式，激发学习兴趣，调动思维的积极性。

（4）激励性与鼓励性。著名的皮格马利翁效应留给人们这样一个启示：赞美、信任和期待具有一种能量，它能改变人的行为，当一个人获得另一个人的信任、赞美时，他便感觉获得了社会支持，从而增强了自我价值，变得自信、自尊，获得一种积极向上的动力，并尽力达到对方的期待，以免对方失望，从而维持这种社会支持的连续性。在对学生进行反馈和评价时，老师要不吝啬对学生正确的地方给出鼓励和赞扬。特别优秀的，教师要带领全班同学给予鼓励，增加学生的成就感和对教学内容的信心及兴趣。即使学生错了，老师也应给予鼓励，如"继续思考一下，老师相信您一定可以完成的！"这给了学生继续参与的动力，也将老师的期待和暗示传递给学生，也能够增强学生的自信心。

（5）主导性与主体性。按照新课标的要求，一定要努力把课堂的主动权逐步还给学生。让学生主动参与、体验、探索、归纳、总结，不断产生问题，形成信息，教师再给予评析与点拨，才能完成教学目标和达到教学效果，尊重学生的主体地位，积极发挥老师的主导作用，真正实现"反馈—控制"的双向互动。

3.3.2 信息化教学实施效果的反馈

1. 何为信息化教学

从广义上讲，信息化教学是指在教学过程中运用了网络技术的教学活动；从狭义上讲，信息化教学是指将网络技术作为构成新型学习生态环境的有机因素，充分体现学习者的主体地位，以探究学习作为主要学习方式的教学活动。它是一种在现代信息技术的基础之上建立起来的、在数字化学习环境下的教学活动，它是一种以自主式学习和探究式学习为主要特质，可与学校教育中主体的课堂教学互为补充、相互整合的教学活动。

2. 信息化教学实施效果反馈途径

信息化教学平台是信息化教学实施效果反馈的有效途径。多数平台包括答疑讨论、课程问卷、教学材料、教学笔记、个人资源、课程作业、试题试卷库、在线测试等综合教学支撑平台，比较全面地支持教学的各个环节。教师与学生可以通过自己的账号登入系统，进行信息化教学及教学评测，信息化教学平台是教学实施效果反馈的有效途径。

3. 影响信息化教学的因素及其建议

影响信息化教学的因素大致可以分为3个方面：一是课程本身特性，

这门课程是否适合进行信息化教学，以及符合信息化教学课程的标准或者特征有哪些。现在很多教师因为信息化教学不需在黑板上板书，一味追求方便，将所有的教学内容搬到教学平台上。但有些教学内容在传统的教学方式下反而更为有效，因此必须找到符合信息化教学的课程标准有哪些，这样可以有效指导教师们将符合信息化教学的课程安排在信息化教学环境下；二是学校内部因素。包括教师的信息技术素养、教师和学生的参与程度、信息化教学实施的条件和学校文化等；三是学校外部的因素包括教学资源的提供、学校间互相交流等。

信息化教学实施的影响因素是多方面的，不同的学校在具体的实施情境中，这些影响因素也会表现出不同程度的差异。需要强调的是：第一，一些影响因素既有积极的一面又有消极的一面，教师要做的就是如何将这些因素的消极影响转化为积极影响。第二，这些影响因素不是孤立存在的，它们是相互联结的。改变其中的一个因素也同时要关照整体。任何试图改变其中任何一个因素来推进信息化教学的行为都是错误的。信息化教学是一个复杂的系统，系统中的任何要素及其联结都会影响系统的特性。因此，在试图推进信息化教学发展时，不能仅仅关注其中的一个因素，还要关照这些影响因素之间关联特性的改进。没有哪一个因素是最重要的，因为这些影响因素之间都是相互联系、彼此影响的。

课堂训练

研讨如何利用信息化手段使用反馈信息更准确、更及时。依据自己教学实践和对常用信息工具的了解谈谈体会。

课 后 训 练

1. 什么是教学组织形式？传统的教学组织形式有几种？
2. 什么是教学实施？
3. 何为翻转课堂？其优点是什么？
4. 简述混合式教学的概念及内涵。

拓 展 资 料

[1] 刘邦祥．德国职业教育行动导向的教学组织研究［J］．中国职

业技术教育，2010（261）：45-58.

［2］杨宗凯．教育信息化可持续发展能力建设问题［J］．现代远程教育研究，2013（5）：36-38.

［3］蒋宗礼．计算机科学与技术专业核心课程教学实施方案研究［J］．中国大学教学，2010（10）：65-69.

［4］孙艳萍．远程开放教育教学组织形式个案研究［J］．开放学习，2007（2）：22-26.

［5］王星．网络教学组织形式优化发展研究［J］．中国电化教育，2013（312）：44-49.

第 4 章
信息化教学环境对教学的影响

随着信息技术的快速发展，信息化教学环境不仅带来了教育形式和学习方式的重大变化，还对教育思想、观念、模式、内容和方法产生了深刻的影响。它更具交互性和开放性，有利于师生交流和获取教育信息资源，有利于培养学生的信息素养、学习能力和创新精神，同时也对教师和学生的信息检索、评估获取、使用能力提出了更高的要求。

学习要点

- 了解信息化教学环境及特征
- 熟悉教学媒体和教育信息资源
- 学会合理使用教育信息资源
- 掌握信息技术在教学中的合理使用

4.1 信息化教学环境

情境描述

可汗学院（Khan Academy）是一个非营利性教育组织。该组织通过在线图书馆收集了大量的可汗老师的教学视频，向世界各地的人们提供免费的高品质学习资源。该项目源自萨尔曼·可汗将其给亲戚的孩子讲授的视频课程上传到网络，并迅速向周围蔓延，最终从家庭走进了学校，被认为是打开"未来教育"的一道曙光。

> 完成任务

观看可汗学院公开课教学视频：有机化学。

思考信息化教学环境对教学模式会产生怎样的改变和影响，在未来的教学中，怎样才能更好地适应信息化教学环境？

> 知识与技能

信息化教学环境的构成要素

随着计算机、多媒体、互联网、人工智能、云计算、大数据、虚拟现实等信息技术的快速发展，信息技术对教育领域产生了重大影响，特别是改变了人们的教育和学习方式。信息化教学环境下，教学基本要素发生了巨大变化，教学媒体和教育信息资源更加丰富，教与学的互动性更强，信息技术和课堂教学的结合更加紧密，信息化教学评价的方法更加多样。信息化教学环境已经给教育和教学工作带来了深刻的变化。

信息化教学环境的构成要素主要包括以下5项。

（1）教学媒体。教学媒体是指教学内容的载体，是教学内容的表现形式，是师生之间传递信息的工具，如实物、口头语言、图表、图像以及动画等。教学媒体往往要通过如书本、板书、投影仪、录像以及计算机等物质手段来实现。

（2）教育信息资源。教育信息资源是教学媒体数字化的产物。随着人们对教学过程本质认识的不断深入，人们将研究的重点由教学媒体逐步转移到教学资源的层面上，即由对教学媒体物理特性的研究转移到教学资源和学习资源，包括为教学服务的各种网页、电子文档、图片、文本、视频与音频、数据库、教育网站、虚拟软件等，还包括构成信息化物理空间的各种硬件设备，如计算机设备、网络设备、通信设备等，以及形成网络虚拟空间的各类系统软件、应用软件等。

（3）信息技术。信息技术是指在计算机和通信技术支持下用以获取、加工、存储、变换、显示和传输文字、数值、图像以及声音信息，包括提供设备和提供信息服务两大方面的方法与设备的总称。信息技术是使用和加工教学媒体、创建和丰富教育信息资源、熟练使用各种信息化教学设备的技术基础。

（4）人力资源。在信息化教学环境下，从事各个环节教学工作的教师、教辅人员、教学行政管理者、专家、学者、学习伙伴等教学角色，都是信息化教学环境的构建者、参与者、应用者、体验者。

（5）评价体系。信息化教学环境下教学评价的目的，是要充分发挥教学各要素的作用，引导和促进教与学的开展，测评教与学的效果，通过对教学各环节进行评价，促进人的认知、技能、情感的学习与发展。

4.1.2 信息化教学环境的新特征

1. 培养学生的信息素养成为学生能力培养中的基本任务

传统课堂教学的基本任务是传授知识、培养能力、形成技能，而信息化教学环境赋予了教育教学以新的含义——培养信息素养。所谓信息素养，是一种对信息社会的适应能力，包括基本学习技能（指读、写、算）、创新思维能力、人际交往与合作精神、实践能力，它涉及管理信息的意识、使用信息的能力和信息的合理应用。

2. 用探索研究方式解决多元化任务将是课堂教学的主要形式

多元化任务是指那些体现了学科内部、学科之间融合、贯通、衔接、渗透等的综合性任务。它可以在一个真实的（社会、生活以及学校学习）或模拟的乃至虚拟的情境中完成；它常常是一个项目设计型任务，学生以使用计算机为主要手段在网络上查询信息、构造运算、绘图制作、传播交流等。实际上这是将学习过程看成模拟科学家发现、探讨、求证、思索的过程，将学习从积累知识、传递知识的过程转化为建构知识、尝试体验的过程。

3. 信息资源的多渠道及丰富性使得教材呈现多元化特征

这种多元化体现在印刷文本的教材更多地被信息化教育资源所替代或补充，过去那种统一大纲、统一教材的做法将无法适应新的网络开放式学习的要求。人们将更多地使用教育信息资源，学生可以在信息的海洋里畅游，淋漓尽致地体验寻求知识的乐趣。

4. 突出培养学生的自主决策性

信息化教学环境下的课堂是一个资源丰富、自由进入的宝库，同时又充满了诱惑。因此,要培养学生正确选择与处理信息的能力和科学的心态,学生应能权衡利弊,对信息作出合理的判断,有自我监控和约束能力,能够自觉抵制信息污染或信息垃圾等。

5. 促进师生之间、学生之间的沟通

信息化进程会给学校或课堂带来诸多变化,但不会导致其解体或消亡,其根本原因在于学校或课堂是一个交往、沟通与对话的场所,而不仅仅是传播信息的场所。教师将有更多的时间和途径同学生交流情感、认知体验,共同探讨问题,学生之间也是如此。因此,信息技术环境下的课堂教学将更加突出师生之间、学生之间、学生与社会之间彼此交流、合作、分享的特点。

4.2 教学媒体

情境描述

学员上网观看教学案例《会变的瞳孔》视频。

在该视频中,教师使用的课件虽然简单,却是上好此课的关键所在。该视频直观地演示了不同时段猫的瞳孔的变化,令人印象深刻。

完成任务

学员观看教学案例视频后,上网查询教学媒体的相关知识,然后分组讨论以下问题,并填写表4-1。

问题:您在教学中常用哪些教学媒体?现在使用的教学媒体和以往使用的教学媒体的区别是什么?它们对教学都有什么支持作用?

表4-1　教学媒体类型记录表

媒 体 类 型	主要解决哪些教学问题

知识与技能

4.2.1 教学媒体的概念

"媒体"是指承载、加工和传递信息的介质和工具。广义的媒体是指实现信息从信源到信宿的一切手段。"媒体是人体的延伸",其实是表明各种媒体对受传者的感官刺激是不同的。

多媒体指的是多媒体信息和多媒体技术,是集数据、文字、图形与图像为一体的综合媒体信息。而多媒体技术则是指计算机综合处理多种媒体信息——文本、图形、图像、声音、视频等,使多种信息建立逻辑连接,集成为一个具有交互性的系统。

当某一媒体被用于教学目的时,作为承载教育信息的工具,被称为教学媒体。其具备两个基本要素,一个是用于储存与传递教学信息;另一个是用于教与学的活动。教学媒体是教学内容的载体,是教学内容的表现形式,是师生之间传递信息的工具,包括实物、口头语言、图表、图像以及动画等。教学媒体往往要通过如书本、板书、投影仪、录像以及计算机等一定的物质手段来实现。

现代教学媒体是指利用现代信息技术承载和传递教学信息的工具。现代教学媒体是相对于传统教学媒体而言的。传统教学媒体一般指黑板、粉笔、教科书等。现代教学媒体主要指电子媒体,由硬件和软件两部分构成。硬件指传递教育信息必需的各种教学器材。软件指承载了教育信息的载体。

4.2.2 教学媒体的作用

教学过程中应合理选择教学媒体,特别是精心设计制作的媒体素材,因其可在课堂集体教学、学生个别化学习、远程教育等各种教育方式中起到不同的作用。总的来看,教学媒体有以下作用。

使学习者接受的教学信息更为一致,有利于教学标准化;有效激发学习者的动机和兴趣,使教学活动更为有趣;能提供大量的感性材料,增加学习者的感知深度；设计良好的教学媒体材料能够促成有效的交互活动；设计良好的教学媒体有利于突破难点，提高教学质量和教学效率；有利于实施个别化学习，培养自主学习能力；有利于开展协作学习，促使学习者进行"探索"式的学习；有利于开展远程教育，促进教师的作用发生变化。

除了以上作用，教学媒体在营造情境、陶冶情操和启发思维方面，也发挥着重要的作用。何克抗教授用下面的描述综合概括了教学媒体的作用：

① 提供事实，建立经验。
② 创设情境，引发动机。
③ 举例验证，建立概念。
④ 提供示范，正确操作。
⑤ 呈现过程，形成表象。
⑥ 演绎原理，启发思维。
⑦ 设难置疑，引起思辨。
⑧ 展示事例，开阔视野。
⑨ 欣赏审美，陶冶情操。
⑩ 归纳总结，复习巩固。

请学员思考：您所在的学校常用的媒体配置有哪些？教学媒体对教学的支持作用有哪些？自己在利用教学媒体时还有哪些不足和需要改进的地方？

4.3 教育信息资源

情境描述

语文课——作文《感悟亲情》的3种教学模式

模式一：作文课堂上，教师布置作文题目《感悟亲情》，向学生描述亲情的伟大可贵，并举例说明写作时注意细节问题的重要性，要通过细节展示真挚的情感。

模式二：作文课堂上，教师先给学生看图片《父亲》，同时引导学生注意观察图片中父亲沧桑的目光和刀刻般的皱纹；再讲感人的故事

《母亲》，讲述母亲为了孩子的生存而舍弃了自己的生命，从而在课堂上营造动人的气氛，最后布置作文题目《感悟亲情》，让学生写自己的亲情故事。

模式三：作文课堂上，教师首先播放背景音乐《烛光里的妈妈》，在背景音乐播放的同时展示表现亲情的课件来渲染气氛，使学生先感受亲情，并让学生探讨生活中让自己感动的亲情细节。再组织学生观看由朱自清先生的散文《背影》改编的电视小品《背影》，感受名家是如何描写亲情的。结合影片强调通过细节描述表现亲情的重要性，最后布置作文题目《感悟亲情》。

第一种模式中，教师直接用语言描述的方式阐述了亲情的重要性；第二种模式中，教师借助了图片和故事来渲染气氛；第三种模式中，教师则利用了课件、电视小品和电影等教育信息资源组织教学。在这3种教学模式中，同样是作文教学，也同样是《感悟亲情》的主题，但由于采用了不同的教学模式，从而产生了差别较大的教学效果。

完成任务

学员分组讨论以上3种模式，并归纳总结如何合理使用教育信息资源。

现在一提到教育信息资源的应用，多数教师很快会联想到如何通过大量使用教育信息资源来支持教学，但是不是教学过程中运用了教育信息资源就能大幅提升教学效果呢？

讨论结束后填写教育信息资源应用表（表4-2）。

表4-2 教育信息资源应用表

名　称	来　源	特　点	应用情况

知识与技能

4.3.1 教育信息资源的概念及特点

信息资源是指以文字、图形、图像、声音、动画和视频等形式储存在一定的载体上以供利用的信息。

各学科教材与课本、新闻媒体及大众耳闻目睹的一些社会现象、自然环境、学生学习的方法、态度、能力，教师的教育教学观念、个人修养、施教手段等，都可以称之为教育资源。

教育信息资源是教学媒体数字化的产物。随着人们对教学过程本质认识的不断深入，人们将研究的重点由教学媒体逐步转移到教学资源的层面上，即由对教学媒体物理特性的研究转移到从学习者角度出发研究学习资源，以实现包括媒体在内的一切学习资源的使用方法与使用目的的紧密结合。

教育信息资源主要可分为信息化的教学资源和信息化的学习资源。信息化的教学资源是指以数字形态存在的教学材料，包括学生和教师在学习与教学过程中所需要的各种数字化的素材、教学软件、补充材料等。信息化的学习资源是应信息时代的技术发展而出现的。与传统的教学资源相比较，信息化的学习资源更为直接便捷一些，为学生的学习提供了个性化的学习环境，能够更快地弥补自己的不足。其学习方式更为多样化，资料、素材更加丰富，交互性更强，获取、查找更加方便。

目前，信息化的学习资源已经能够涵盖学习的各个环节，不仅为教师的备课和研究提供帮助，还为学生的情境探究、发现问题提供了支持。学生获取知识的方式从教材、板书、课件、教师传授转移到教学软件、电子阅览室、网络视频上，等等。学习方式也发生了巨大的改变，即由传统的被动式学习逐步转化为自主式学习、情境式学习、探究式学习等多种学习方式。信息化的学习资源不仅是整个学习活动的支撑，还是引领学生全情投入学习的工具，影响着学生学习的效率。

与传统的教育资源相比，教育信息资源有以下 6 个方面的特点。

（1）处理技术数字化。数字化处理技术将声音、文本、图形、图像、动画等信号经过转换器抽样量化，使其由模拟信号转换成数字信号。

数字信号的可靠性远比模拟信号高，对它进行纠错处理也更容易。

（2）处理方式多媒体化。指利用多媒体计算机技术存储、传输、处理多种媒体形成的教学资源。与传统的纯文字或图片处理信息的方式相比，经多媒体计算机处理的教学资源更加丰富多彩。

（3）信息传输网络化。教育信息资源可以通过网络实现远程传输，学习者可以在异地任何一台上网计算机上获取自己需要的信息。

（4）学习资源系列化。指教育信息资源可由资源管理人员或教学人员进行系统分类，在教学过程中向不同的学习者提供不同系列的教学信息。

（5）使用过程智能化。指教学资源可根据不同学生的特点选择最恰当的教学内容和教学方法，并对学生进行有针对性的个别指导。

（6）资源建设可操作化。指教学资源允许学生和教师运用多种信息处理方式对其进行运用和再创造，师生还可将自己制作的资源（如微课、电子作业）加入到数字化资源库中。

4.3.2 教育信息资源的作用

教学资源和学习资源的信息化促进了学生与教师对于知识的理解，使其扩大了知识面，拓展了视野，增加了信息量。这种资源呈现方式的改变极大地影响了教学效果。

教学实践表明，有效地利用教育信息资源，对于学生学习能力的培养和探索精神的塑造具有重要意义。学生通过对教育信息资源的真正利用，可以激发学习与发现的兴趣。因此，这是培养自主学习能力和创业能力极佳的路径。教育信息资源更具互动性，能进一步帮助学生成长，培育其开发自身的潜力，训练其分析能力、评估能力、批判能力及帮助他人的能力。在这种情况下，教师在教学中应积极、及时地引导学生开发和利用教育信息资源，并由此培养学生的发现、思考、分析及判断能力。学生可以根据自己已有的知识背景、思维结构，以及学业的需要，自行斟选、组织相关教学资料和学术信息，并建构自己的知识体系，得出自己的观点见解。

学生通过接触教育信息资源，不仅可以获得建构知识的能力，而且还能培养自身的信息素养。建构知识的能力首要是自主学习能力的获得。通过对教育信息资源的选取与利用等环节的实践，学生的学习从以教师主讲的单向传授模式进化成探究发现性的自主学习，从被动学习变成主动学习，学习过程由教师传播知识到学生自主获取知识。让学生直接利用教育信息资源，无疑是锻炼和提高学生信息素养的有效途径。

教育信息资源改变了学习交流的方式。传统的讨论一般安排在课内面对面进行，讨论的方式无非是学生与学生之间讨论、学生与教师之间讨论。而随着互联网的迅速发展，讨论的时间和空间以及对象都得到了扩展，即从课内延伸到了课外，从学校延伸到了家庭。

教育信息资源改变了课堂练习方式。信息化教学环境下，多样化的课堂练习丰富了课堂教学，也调动了各个层次学生的积极性。课堂练习方式不再是单纯的做练习题、试卷。利用互联网学生可以自主选择练习的内容和方式。这种个性化的学习，大大提高了学习的效率。

教育信息资源改变了作业的形式。教育信息资源使作业形式丰富多彩，比如网上阅读、网上做仿真实验、网上查阅教师指定的资料等。有的教师让学生参与某些专题讨论，开拓了学生的视野，提升了学生的兴趣，培养了学生的能力。

教育信息资源拓展了学习范围。通过教育信息资源拓展学习，教师不再只能要求学生学习教材上的内容，对于学有余力的学生，可以鼓励他们利用网络上丰富的资源，学习他们感兴趣的知识，了解他们想了解的事件，增强了学生的求知欲。

但是教育信息资源对学习也有一些负面影响，在某些时候会削弱学生的理解力和想象力。由于数字化资源的便捷，资源的呈现速度比以往更快。教师在讲授过程中，通过点击、播放，轻松地将未知事物呈现给学生。这样，学生想象的时间会缩短，因而会缺少自己想象的空间，思维被禁锢。如果学生长期处于充斥着数字化资源的信息化的学习环境中，则容易迷失方向，无法分辨课程的重点和学习目标，容易游离于学习内容之外，只关注环境中的动画、色彩等而颠倒了主次。

教育信息资源能够为学生学习方式的改变提供比较理想的支持环境，但并不是说信息化的教育资源就能替代其他类型的教育资源，而是要选择适合教学内容的教育信息资源。

4.3.3 教育信息资源的合理使用

通常，基于学习、引用、评论、注释、新闻报道、教学、科学研究、执行公务、陈列、保存版本、免费表演等目的，可以不向版权人支付报酬而使用其作品，这种使用是"合理使用"。这样做的目的是在保护版权人利益、加强对版权限制的同时，又不至于减慢信息传播速度和增加社会成本。虽然各个国家对版权有不同的管理方式，但是对"合理使用"原则的解释基本上是相同的。在教育界，对于"合理使用"信息资源比较一致的看法主要集中在4个方面。

（1）教育界使用受版权保护的作品的合法权益应该得到保护，即教育工作人员有权利通过可靠途径获得各种用于教学、学习、学术研究、个人学习的信息资源。

（2）在教学过程中，教育工作者可以自由地使用信息资源。

（3）教育界在网络世界利用"合理使用原则"不应该受到诸如以"授权"或者"执行"为名义的各种理由的干扰。

（4）在使用网络信息资源时，教育界也有尊重版权和版权人的义务，即教育界应该教育其下属机构和工作人员，了解知识产权和使用受版权保护作品的法律依据。

请学员思考以下问题：

教育信息资源的获取方法有哪些？网上教育信息资源的类型有哪些？怎样区分试用软件和免费软件？怎样理解互联网教育资源的"合理使用原则"？怎样引用网上的教学资源？您使用的软件是经过许可的吗？在使用网络教学资源时是否符合相关法律的规定？在使用时是否标明了参考出处？使用的教育信息资源与授课内容的关联度如何？使用教育信息资源是否有利于学生对教学内容的理解？

 4.3.4 新形式教学资源介绍

1. 微课

微课是指按照课程标准及教学实践要求，以视频为主要载体，记录教师在课堂内外教育教学过程中围绕某个知识点（重点、难点、疑点）或教学环节而开展的教学活动的全过程。

微课为使学习者自主学习获得最佳效果，经过精心的信息化教学设计，以流媒体形式展示围绕某个知识点或教学环节开展的简短、完整的教学活动。它的学习形式是自主学习，目的是获得最佳效果，需要精心的信息化教学设计，形式是流媒体，内容是某个知识点或教学环节，时

间是简短的，本质是完整的教学活动。因此，对于教师而言，最关键的是要从学生学习的角度去制作微课，而不是从教师的角度去制作，要体现以学生为本的教学思想。

微课的核心组成内容是课堂教学视频，同时还包含与该教学主题相关的教学设计、素材课件、教学反思、练习测试及学生反馈、教师点评等辅助性教学资源，它们以一定的组织关系和呈现方式共同"营造"了一个半结构化、主题式的资源单元应用"小环境"。因此，微课有别于传统单一资源类型的教学课例、教学课件、教学设计、教学反思等教学资源，是在其基础上继承和发展起来的一种新型教学资源。

（1）微课的主要特点如下：

① 教学时间较短。教学视频是微课的核心组成内容。根据中小学生的认知特点和学习规律，"微课"的时长一般为 5～8 min，最长不宜超过 10 min。因此，相对于传统的 40 min 或 45 min 一节课的课堂教学来说，"微课"可以称为或"微课例的讲授部分"。

② 教学内容较少。相对于较宽泛的传统课堂，微课的问题集中，主题突出，更适合学生的需要。"微课"主要是为了突出课堂教学中某个学科知识点（如教学中的重点、难点、疑点内容）、专业技能点的，或是反映课堂中某个教学环节、教学主题的教与学活动，相对于传统一节课要完成的复杂众多的教学内容，微课的内容更加精简。

③ 资源容量较小。从大小上来说，微课视频及配套辅助资源的总容量相对较小，视频格式须是支持网络在线播放的流媒体格式（如 rm、wmv、flv 等），师生可流畅地在线观摩课例，查看教案、课件等辅助资源；也可灵活方便地将其下载保存到终端设备（如笔记本式计算机、手机、平板电脑等）上实现移动学习、泛在学习。

④ 资源组成"情境化"。"微课"选取的教学内容一般要求主题突出、指向明确、结构相对完整。它以教学视频片段为主线"统整"教学设计（包括教案或学案）、课堂教学时使用到的多媒体素材和课件、教师课后的教学反思、学生的反馈意见及学科专家的文字点评等相关教学资源，构成了一个主题鲜明、类型多样、结构紧凑的"主题单元资源包"，营造了一个真实的"微教学资源环境"。这使得"微课"资源具有视频教学案例的特征。广大教师和学生在这种真实的、具体的、典型案例化的教与学情景中可更容易地实现"隐性知识"、"默会知识"等高阶思维能力的学习并实现教学观念、技能、风格的模仿、迁移和提升，从而迅速提升教师的课堂教学水平，促进教师的专业成长，提高学生的学

业水平。就学校教育而言，微课不仅成为教师和学生的重要教育资源，而且也构成了学校教育教学模式改革的基础。

⑤ 主题突出、内容具体。一个微课针对一个主题，或者说"一个课程一个事"。研究的问题来源于教育教学具体实践中的具体问题：或是生活思考，或是教学反思，或是难点突破，或是重点强调，或是学习策略、教学方法、教育教学观点等具体的、真实的、自己或与同伴可以解决的问题。

⑥ 草根研究、趣味创作。正因为课程内容范围缩窄，所以人人都可以成为课程的研发者；正因为课程的使用对象是教师和学生，课程研发的目的是将教学内容、教学目标、教学手段紧密地联系起来，是"为了教学、在教学中、通过教学"，而不是去验证理论、准演理论，所以研发内容一定是教师自己熟悉的、感兴趣的、有能力解决的问题。

⑦ 成果简化、多样传播。因为内容具体、主题突出，所以研究内容容易表达、研究成果容易转化；因为课程容量小、用时简短，所以传播形式多样，如网上视频、手机传播、微博讨论等。

⑧ 反馈及时，针对性强。由于在较短的时间内集中开展"无生上课"活动，参加者能及时听到他人对自己教学行为的评价，获得反馈信息。较之常态的听课、评课活动，"现炒现卖"，具有即时性。由于是课前的组内"预演"，人人参与、互相学习、互相帮助、共同提高，在一定程度上减轻了教师的心理压力，不会担心教学的"失败"，不会顾虑评价的"得罪人"，较之常态的评课就会更加客观。

（2）微课的分类方式分为 2 种。

① 按课堂教学方法分类。一节微课作品一般只对应于某一种微课类型，但也可以同时属于两种或两种以上的微课类型的组合（如提问讲授类、合作探究类等），其分类不一定是唯一的，应该保留一定的开放性。同时，由于现代教育教学理论的不断发展，教学方法和手段的不断创新，微课类型也不是一成不变的，需要教师在教学实践中不断发展和完善。

② 按课堂教学主要环节（进程）分类。微课类型可分为情境创设类、新课导入类、知识理解类、实践操作类、技能拓展类。其他与教育教学相关的微课类型有说课类、班会课类、社团活动类等。微课只讲授一个知识点或技能点，没有复杂的课程体系，也没有众多的教学目标与教学对象，看似没有系统性和全面性，是所谓的"碎片化"教学。但是微课是针对特定的目标人群、传递特定的知识内容的，一个微课自身仍

然需要系统性，而且一组微课所表达的知识仍然需要全面性。

2. 慕课

"慕课"（MOOC），是指大规模开放在线课程，"M"代表 Massive（大规模），与传统课程只有几十个或几百个学生不同，一门 MOOC 课程动辄有学生上万人，最多达 16 万人；第二个字母"O"代表 Open（开放），以兴趣导向，凡是想学习的，都可以进来学，不分国籍，只需一个邮箱，就可注册参与；第三个字母"O"代表 Online（在线），学习在网上完成，无需奔波，不受时空限制；第四个字母"C"代表 Course，就是课程的意思。

MOOC 是新近涌现出来的一种在线课程开发模式，是为了增强知识传播而由具有分享和协作精神的个人或组织发布的、上传于互联网上的开放课程。

MOOC 以连通主义理论和网络化的开放教育学为基础。这些课程与传统课程一样循序渐进地让学生从初学者成长为高级人才。课程的范围不仅覆盖了广泛的自然科学学科，比如数学、统计、计算机科学和工程学，也包括了社会科学和人文学科。通常，参与慕课的学习是免费的。然而，如果学习者试图获得某种认证，一些大规模网络开放课程可能会向其收取一定学费。

MOOC 将分布于世界各地的授课者和学习者通过某一个共同的话题或主题联系起来。尽管这些课程通常对学习者并没有特别的要求，但是所有的慕课会以每周研讨某些话题的形式，提供一种大体的时间表，通常包括每周一次的讲授、研讨问题，以及阅读建议等。

MOOC 的主要特点包括以下 3 点。

（1）大规模课程。MOOC 不是个人发布的一两门课程，而是指那些由参与者发布的课程，并且只有大型的或者大规模的课程，才是典型的 MOOC。

（2）开放课程。尊崇创用共享协议；只有当课程是开放的，它才可以称之为 MOOC。

（3）网络课程。这些课程不是面对面的课程，它的材料储存于互联网上。人们上课的地点不受局限。无论您身在何处，只需要连接到网络即可享受一流的课程。

4.4 信息技术对教学的影响

情境描述

在语文课《纪念白求恩》的教学中,教师制作了包括音乐、幻灯片、视频等内容在内的教学课件。在课堂上,教师手按鼠标、自顾自地一路点来,讲解过程变成一场"多媒体秀"。学生则只能随着屏幕所呈现的内容,步步紧跟,失去了积极参与教学和思考问题的机会,学生的主体参与性没能得到充分体现。

在该堂课中,教师把教学内容全部制作成多媒体课件,却丝毫没有改变课堂教学模式,忽视了学生的主体参与,教与学的互动过程成了教师的单边行为,教学由教师为主体,演变为教师控制的信息为主体。这种信息技术应用方式还只是停留在初级阶段,不能起到优化教学效果的作用。

完成任务

请学员阅读本页情境描述中的案例,并思考:您在开展信息技术支持的教学中,是否也遇到过各种各样的问题?然后分组讨论并填写表4–3。

表4–3 信息技术应用常见问题记录表

编号	问题/误区
1	尽管教师使用了信息技术,但并没有使学生参与和投入到信息技术支持的教学活动中,学生仍然被动地接受知识,教学效果不佳。
2	
3	
4	
5	
6	

知识与技能

4.4.1 信息技术在教学中应用的误区

信息技术是指在计算机和通信技术支持下用以获取、加工、存储、变换、显示和传输文字、数值、图像以及声音信息,包括提供设备和提供信息服务两大方面的方法与设备的总称。

信息技术在融入教与学的过程中,除了作为简单的学习传递系统外,更重要的是把技术作为学习资源和交互工具应用于培养学生的高级思维能力、创造力和解决问题的探究能力。

信息技术的合理应用就是将信息技术有机地与教学结构、课程内容、课程资源以及课程实施等融合为一体,成为与课程内容和课程实施高度和谐的有机部分。

但在日常信息化教学过程中常存在下列诸多问题。

问题1:公开课的技术秀。

目前,尽管有许多信息化教学的公开课,然而信息技术在实际教学中应用的却不多。许多信息化教学为展示需要而设计,没有深入到改善日常教学中,成为了为公开课而制作的技术秀。信息技术在日常教学中应用不足的背后蕴藏着一些学校的实际困难:师资力量和硬件资源的不足,迫使学校和教师倾向于采取填鸭式的低成本教学。这是因为,尽管信息技术对教学效果有促进作用,但采用信息技术时,许多教学内容都无法在原先规定的教学课时内完成,既定的教学任务无法落实,一些精心设计的教学活动难以开展。此外,并不是所有学科的所有章节都适用信息技术进行教学,如果强行使用信息技术来开展所有内容的教学,反而适得其反,会加重师生的负担,效果又不明显。

问题透视:当信息技术作为一种新要素被引入到教学中时,必然对传统的教学结构产生影响。以课时为设计单位、局限于教室物理时空的思路,给信息化教学带来了限制,使教师无法在更广阔的时空中进行全局教学设计。

问题2:在网络资源中"迷航"。

张老师发现了一个网站,上面提供了很多本专业的相关资源。结合她将要讲述的章节内容,张老师准备在上课时要求学生浏览该网站,并在学习完网站上的内容后写一些知识要点。

上课那天，尽管张老师给出了学习网站的地址，但学生们浏览各种网站的都有，还有聊天和看视频的。缤纷的网络世界让很多学生忘了本节课的学习任务。尽管张老师很认真地设计了这堂课，但最终效果却不理想。

问题透视：网络学习资源虽然丰富，但网络的开放性却对学生的信息素养和自控能力提出了更高的要求。因此，如果网络资源使用不当，会使学习者出现信息"迷航"或信息过载的现象，达不到原先设计的教学效果。

问题3：炫耀高技术。

有的老师认为，越是采用技术复杂的软件，就越能体现教学的先进性；教学课件越新颖，所用图片、动画和声音越多，就越能体现信息技术的作用；在教学中使用的技术越多，就越能体现信息技术的力度。在这种误解下，许多老师大力开发所谓"精品课件"，形式大于内容，结果却导致了学生注意力分散，课堂重点不突出。

问题透视：教师盲目地关注技术、追求技术，为技术而技术。信息化教学的焦点被放在了具体技术手段上，而不是教学内容、教学策略和教学方法上。

问题4：课堂管理失控。

在许多信息技术支持的教学活动中，教师对于课堂上出现的突发性技术问题束手无策，或者不能对学生的学习进行有效的引导。例如，在让学生分组完成学习任务并用信息技术展示学习作品时，往往是由一两个"高手"包揽一切，其他同学无所事事，各小组通常只关注自己的展示内容，而对其他小组的展示内容一无所知或漠不关心。

问题透视：对于信息技术支持的教学，教师缺乏相应的教学策略和实施经验，不能够对教学活动进行有效的引导，结果使得学生"放任自流"，不但没有发挥信息技术的优势，教学效果反而更差。

针对以上问题可以看出，信息技术只是教学的辅助手段，并不能取代教师的重要作用。教学中，应该根据实际条件、自身特点采用适当的信息技术，为教学锦上添花，而不能一味地追求课件的美观、新奇而忽略其实用性。另外，在积极应用信息技术的同时，还要反对那些把信息技术辅助教学当成摆设，以及将教学过程复杂化的情况。

4.4.2 信息技术的合理使用

信息技术的合理使用有利于实现教育教学的根本目的。信息技术为课程设计提供了丰富的手段，拓宽了课程设计的范围。信息技术强大的功能，使得教学形式呈现出多样化的特征。

信息技术的合理使用可以充分利用各种资源，发挥设备的最大潜力，实施高质量和高效率的教学，有利于提高学生的信息素养，信息技术的使用还为学生创新能力的培养提供了理想的教学和学习环境的支持。

信息技术是为支持教学而服务的。提倡使用信息技术不代表提倡信息技术的滥用、误用，更不能用技术取代学科教学。信息技术应用的是否合理，关键还是要看技术能否用得恰到好处。

信息技术的合理使用可以使各教学方法互相协调、相互促进。信息技术的运用需要适时、适用和适度。为了真正发挥信息技术的支持作用，就必须对信息技术应用的有效性进行考虑。这就要求教学设计者尽量减少和避免上述的各种信息技术应用误区或问题，优化教学中技术整合的选用种类、应用方式、使用时机等因素。只有在综合考虑这些影响因素之后，才有可能让信息技术对教学起到正向的支持作用。

祝智庭教授描述的用技术支持教学模式变革的不同策略路线如图4-1所示。我们目前所处的状态是用低性能技术（简称"低技术"）主持接受型学习（以教师为中心），而教学信息化的发展趋势是用高性能技术（简称"高技术"）支持学生主动性、探究性学习。从理论上分析，由目前的状态发展到理想的目标状态存在着3条不同的技术路线（图中直线的3种组合），但实际上变革路线通常是一条弯弯曲曲的行动路线。也就是说，教学模式变革的过程也是探究的过程。

目前，信息技术作为工具在使用的形式方面仍旧比较单一，互动性不高。要充分发挥信息技术的作用，就必须给予学生自由发挥的空

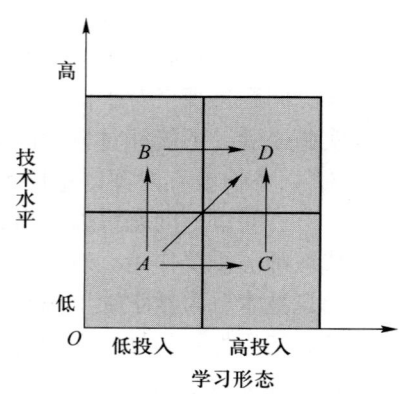

图4-1 技术支持教学改革的策略路线图

间，以学生为中心设计教学内容。教师提高信息技术应用水平可以从以下方面入手。

1. 创新教学模式，发挥信息技术作用

有研究发现，信息技术的应用频率与教学效果之间的关系在达到一个峰值后呈下降趋势，并不是使用得越多越好，而是需要发掘更多有效的信息技术应用方式。调查数据也表明教师教学中使用信息技术的方式仍然比较单一，在传统的教学情境下使用信息技术，仅仅是对黑板所承载的功能进行了扩展，而并不能达到提高教学效果的目的。教师应发挥更多的创造性，使用信息技术解决教学中的各种难题。

2. 树立"以学为中心"的教学观念

"以教为中心"的讲授法在课堂上出现的频率仍然非常高，教师主导的课堂教学模式已经根深蒂固，学生也习惯了这种教学模式。因而在缺乏引导的情况下，学生往往会丧失学习的动力，对教学过程产生厌倦情绪。信息时代下的教学应提供给学生更多有活力和朝气的学习环境。教师应该从根本上改变教学观念，从灌输知识到传授方法、探讨学习，让学生积极参与到课堂教学中来。只有这样，信息技术的使用才能充分发挥其积极的效果。

4.4.3 信息技术与课程的整合

信息技术的合理应用，就是一个信息技术与课程整合的过程，必须进行系统性的思考与规划，要有明确目标，找到整合实践点，形成一套比较全面的、切实可行的解决方法，才能使课程整合有效地进行和持久发展。

课程整合的最基本特征，就是学科交叉性和立足于能力培养的特性。它承认事物联系的整体性和能力培养的重要性，并具有如下的基本要求。

1. 任务驱动式的教学过程

课程整合需要以各种各样的主题任务进行驱动教学，有意识地开展信息技术与其他学科相联系的横向综合的教学。这些任务可以是具体学科的任务，也可以是真实性的问题情景，使学生置身于提出问题、思考问题、解决问题的动态过程中进行学习。通过一个或几个任务，把相关的各学科知识和能力要求作为一个整体，有机地结合在一起。学生在完成任务的同时，也就完成了所需要掌握的学习目标的学习。

2. 信息技术作为学生的基本认知工具

在课程整合中，强调信息技术服务于具体的任务。学生以一种自然的方式对待信息技术，把信息技术作为获取信息、探索问题、协作解决问题的认知工具，并且对这种工具的使用要像铅笔、橡皮那样顺手、自然。

3. 能力培养和知识学习相结合的教学目标

课程整合要求学生学习的重心不再仅仅放在学会知识上，而是转到学会学习、掌握方法和培养能力上，包括培养"信息素养"。学生利用信息技术解决问题的过程，是一个充满想象、不断创新的过程，同时又是一个科学严谨、有计划的动手实践过程，它有助于培养学生的创新精神和实践能力，并且通过这种"任务驱动式"的不断训练，学生可以把这种解决问题的技能逐渐迁移到其他领域。

4. "教师为主导、学生为主体"的教学结构

在课程整合的教学模式中，强调学生的主体性，要求充分发挥学生在学习过程中的主动性、积极性和创造性。学生被看做知识建构过程的积极参与者，学习的许多目标和任务都要靠学生主动、有目的地获取材料来实现。同时，在课程整合中，教师是教学过程的组织者、指导者、促进者和咨询者，教师的主导作用可以优化教学过程，是教学活动中重要的一环。

课堂训练

1. 列举信息技术在课程教学中出现的常见问题（3种以上），并提出相应的解决策略。
2. 信息技术在课程教学中的合理应用，主要表现在哪些方面？
3. 结合自己的教学过程评价信息技术对教学效果的影响。

请学员思考：

在本节学习中您有什么收获？哪些地方是在以后的教学中应该注意的？

课 后 训 练

1. 信息化教学环境的构成要素有哪些？
2. 教育信息资源的特点有哪些？
3. 微课和慕课有何联系和区别？

4. 信息技术在教学中有哪些应用误区？有何应对措施？

拓 展 资 料

［1］董承明. 现代教育技术培训教程［M］. 郑州：大象出版社，2008.

［2］邓阿琴，徐一斐，刘伟才. 职业教育课程设计教学反思［J］. 成人教育，2014（10）：100－102.

［3］王国庆. 职业教育课程教学设计的"五化"原则［J］. 教育与职业，2011（30）：122－124.

［4］钟晓流，宋述强，焦丽珍. 信息化环境中基于翻转课堂理念的教学设计研究［J］. 开放教育研究，2013（1）：58－64.

［5］杜娟，李兆君，郭丽文. 促进深度学习的信息化教学设计的策略研究［J］. 电化教育研究，2013（10）：14－20.

［6］王欣，杨泽伟. 关于职业教育信息化及信息化教学设计的探讨［J］. 职教论坛，2014（5）：76－78.

［7］杨南昌，刘晓艳. 具身学习设计：教学设计研究新取向［J］. 电化教育研究，2014（7）：24－29.

［8］王钊. 现代职业教育教学信息化的设计与实施［J］. 职教论坛，2014（30）：72－75.

［9］何克抗，林君芬，张文兰. 教学系统设计［M］. 北京：高等教育出版社，2005.

［10］南国农，李运林，祝智庭. 信息化教育概论（第2版）［M］. 北京：高等教育出版社，2011.

第 5 章
教学评价与课程评估

教学评价是指在教学活动的最后环节，按照既定的教学目标和教学标准，利用评价技术对教学效果和教学目标的实现程度等作出价值判断，进一步改进教学工作。

课程评估是指对专业教学标准中所规定的课程做出价值判断，是参照培养目标所派生的课程教学目标，其规定相应的评估标准，通过系统地收集信息，采用科学的方法，对课程教学活动中教和学的状况做出综合价值分析和判断，其目的在于提高教学质量，促进教学改革，推动课程建设。课程评估必须在遵循教学规律与教学原则的基础上进行。

学习要点

- 学习如何进行信息化教学评价
- 熟悉各种课程评估标准
- 掌握课程评估的策略、流程及方法

5.1 教学评价

情境描述

情境一：李老师是一位计算机老师，讲授"网页设计与制作"课程。学生平时对老师布置的课前预习或课后扩展阅读的作业都是应付了事。有一次李老师给学生布置了网页制作的作业，当然很多学生还是应付。上课时，李老师通过投影在全班同学面前打开了几个已经完成的网页作品，对于设计制作精美的网页，李老师和同学们一起观看并大加赞赏。李老师对没有完成网页制作的同学们说，下节课还要和大家一起欣赏各位的网页作品，每个人都有展示的机会。

在下次的课上，李老师发现同学们的网页作品非常精美。一个同学说："李老师，您可把我们害苦了，这个周末，我们班的同学几乎没有出去玩，都在做网页作业！"

情境二：利用网络学习平台，王老师为班级的每个学习小组提供了专门的学习和评价空间，每一位教师和小组学生可凭账号密码进入该空间。利用小组电子文件夹每月为本组每个学生建立独立的电子文件夹，系统会自动将学生当月在平台上发布的个人作品、讨论发言、与远程伙伴的协作交流情况等所有的学习活动记录存放在该电子文件夹中。学生可以随时向电子文件夹内输入学习感想、观测日记、调查的活动过程记录、个人学习计划等信息，并随时阅读自己或他人的文件夹内容，给出相应的评价。系统还可以及时公布各小组或学生的各项指标得分情况、评语汇总、预期目标与成绩排名等。

以上两个案例都是在信息化环境下，学习者运用信息手段表现和展示学习成果的方法。其中电子学习档案是学习者在学习过程中的学习目的、学习活动、学习成果、学习业绩、学习付出、学业进步等有关学习的资料的集合体，这充分体现了以学为中心的思想。

完成任务

请学员结合案例分组讨论并思考以下问题：李老师没有惩罚未完成作业的学生，为什么学生愿意在周末花时间完成自己的作品？案例中采用了哪些评价方法？体现了哪些评价思想和理念？回顾自己设计的教案，是否需要对评价部分做相应的修改？在您的教学过程中，对学生的过程性评价采用了哪些好的方法？

知识与技能

信息化教学评价的基本概念

1. 教学评价概述

教学评价是指依据教育方针、教学目标和专业教学标准，利用所有可能的评价技术对教学效果和教学目标的实现程度等作出价值上的判断，以期改进教学工作。理解这个概念，要注意4个问题：第一，教学评价是以教育方针、教育目标为依据的；第二，教学评价是一个过程，它包含着一系列的步骤与方法；第三，教学评价是教学工作的一个重要组成部分，直接作用于教学活动的各个方面；第四，教学评价的最终目的，是用一定的价值标准对学校的教学情况进行价值判断，以改进今后的工作。

教学评价和教育评价既有联系，又有区别。教学评价是教育评价的一个重要方面，是构成教育评价的主要部分和基础。教学评价的对象局限于教学领域，它主要对教师的备课、上课、作业批改、课外辅导、课外活动等工作、教学成果及学生学习成长情况进行评价。而教育评价是以教育的全部领域为对象，它涉及教育的一切方面。

教学评价是整个教学工作的一个重要组成部分，教学评价所涉及的内容也很广泛。它不仅体现在对教师与学生的评价上，体现在对具体的课堂教学过程、教学设计、教学手段、教学方法、教学内容等的评价上，而且还涉及对与教学活动和教学效果紧密相关的教学管理、教研室建设、办学水平等情况的评价。

教学评价的内容主要包括以下3个方面。

（1）教学目的。课堂教学评价标准首先应反映既定的教学目的，要符合教育的培养目标。但在反映社会对课堂教学的外在要求的同时，也要反映学生发展对课堂教学的内在要求。课堂教学评价不能仅仅局限于关注学生知识的掌握，同时要关注学生是否获得主动学习的动力并不断更新知识的能力；更要评价课堂教学是否促进学生兴趣、爱好、意志等个性品质的形成和发展、创新能力的培养等。

（2）教学内容。课堂教学在传授教材知识的基础上，还须增加与社会生活紧密联系的内容，特别是联系学生生活、社会实际、现代化技术和生产实际的内容。所以进行课堂教学内容评价时，既要参考教材的基本教学内容，又要不拘泥于教材。

（3）教学规律。课堂教学作为长期以来形成的、重要的学校教学活动，虽然教学过程中有着极强的不确定性，但在这些不确定性的背后仍然存在一些不以人的意志为转移的规律，师生在教学活动中必须认识并遵循这些规律才能使教学发挥最大的作用。如启发式的原则、因材施教的原则等。同时，教学过程、方式、技巧等应符合学生的认知基础和情绪基础。评价还要以教学环境、设施等客观条件为基础。在确立课堂教学评价标准时，应正确反映课堂教学情况并应用这些规律和基础，通过评价反馈，来指导师生的课堂行为。

2. 信息化教学评价概述

信息化教学评价是指在现代教育理念的指导下，运用一系列评价技术和工具，对信息化教学过程进行测量和价值判断，为教学问题的解决提供根据，并保证教与学的效果。信息化教学评价着眼于促进学生素质的全面发展，坚持形成性评价和终结性评价并重的原则，将评价过程和教学过程相整合。这样不仅有利于学生综合素质的发展，还有利于学生分析问题、解决问题的能力培养，注重给予学生更大的自主选择空间，使学生从被动接受评价转变成为评价的主体和积极参与者。

信息化教学评价的新要求包括以下3个方面。

（1）信息化教学评价在体现基本教学目的、课堂教学规律的同时还强调教学环境和教学模式的新变化。当然，信息化教学环境下的新课程，并不是对传统课程的全盘否定，也应该完成其最基本的教学目的，符合最基本的教学规律。

（2）正确评价教师的课堂行为是传统教学评价的主要内容之一，而信息化教学环境下对教师的课堂教学评价，在传统的评价标准基础上又增加了信息化素养内容。

（3）在信息化教学环境下，教学评价应注重学生的个性化、差异性，体现出开放性原则。

5.1.2 信息化教学评价流程

信息化教学作为职业教育的新教学形态，其评价流程可以概括为4个阶段。

1. 信息化教学评价的准备阶段

明确评价目的和评价目标，设计评价量规体系，确定收集和处理评价所需信息的方法，设计评价生成工具。

2. 评价信息的收集与整理阶段

应收集的信息包括各类测试结果、各类评估表、学习社区积分、学习档案袋、可参照的评价案例等。信息收集可以通过测验、查阅相关资料、个别访问、问卷、观察等方式，所收集的各类资料必须经过初步整理才能进入分析处理阶段。

3. 信息的判断和分析阶段

（1）通过细致深入地分析学习信息还有可能揭示出蕴含在评价信息中的其他信息，从而使评价作用得以真正发挥，起到推动学习的作用。

（2）判断分析包括定性描述分析和定量分析评判。可通过计算机辅助分析和人工分析相结合的方式实现学习信息的判断和分析。

4. 评价结果的形成与反馈阶段

（1）评价结果的形成。综合评价结论是在对各种初步的评价结果进行全面、细致分析的基础上形成的。综合评价结论包括对学生学业成绩和学生各方面能力的评价。结果的呈现要体现对评价对象的尊重与关怀。

（2）评价结果的反馈。教学反馈信息要及时，评价反馈内容要全面，反馈要与指导意见相结合，要注意交互反馈的实施。

5.1.3 信息化教学评价的常用方法

1. 电子学习档案

"电子学档"是以数字化的形式记录的学生学习档案，是运用信息手段表现和展示学习者在学习过程中对于学习目的、学习活动、学习成果、学习业绩、学习付出、学业进步以及学习过程和学习结果进行反思的，有关学习的一种集合体。网络化的学习环境，以其强大的交互性、广泛的传播性、数据收集整理的即时性和便利性，以及快捷的数据统计分析功能，为"电子学档"的构建及使用提供了强劲的技术支持。这主要体现在：借助计算机数据库技术能够进行自动化的数据收集处理和档案管理；借助计算机网络技术能够完成学生学习行为的跟踪和记录；借助计算机的智能性可以实现自适应的学习反馈，给学生以个性化的学习指导。

电子档案袋可以通过多种方式展示学生的表现，通过展示每个学生都发现自己在学习上有不断进步的空间，他们会对改进自己的学习状况产生兴趣，进而对任务产生责任感，主动探索如何来规划自己的学习进程和评估自己的学习效果。实质上这是一种基于学习者真实作品或表现的过程性评估方式，学习者本身就是评估的主体。

电子学习档案的建立过程体现了收集、选择和反思的过程；信息收集的过程是学生体验学习的过程；信息选择的过程是学生展示自己能力的过程；反思过程是学生自我了解的过程。以上几个过程全面反映了学生学习的过程和表现。这样的过程如果持续下去，就会变成一个全校范围内的知识管理体系和新型评价体系。教师能够根据学生完整的学习过程与学生共同看到一个更大的学习全景，做出更加综合和全面的评价。在学习过程中，这样的学习档案也非常有助于进行"形成式评估"，及时地帮助学生改进学习方法、态度，或者由教师做出一些方向性的引导。

2. 评价量规

量规是一种结构化的、定性与定量相结合的评价技术，一般具有评价要素、指标、权重、分级描述这几个基本构成要素，常以二维表格的形式呈现。但并非所有量规都是这样，有时量规可能缺少权重或等级描述，而且形式也可能多种多样。使用量规时应根据实际需求，不必拘于形式。

评价量规是一个真实性评价工具，它是对学生的作品、成果或者表现进行评价或者等级评定的一套标准。同时也是一个有效的教学工具，是连接教学与评价之间的一个重要桥梁。

评价量规具有以下 3 个要素：一是评价准则，确定学生表现、行为或作品质量的各个指标；二是等级标准，说明学生的表现处于什么样的水平；三是具体说明，描述评价准则在质量上从差到好（或从好到差）的序列，评价准则在每个等级水平上的表现是什么样的。

评价量规的设计一般包括以下 4 个步骤。

（1）确定主要评价要素。

对学习计划的内容进行分析，然后确定影响学习计划执行的主要学习环节或要素，从中选择某些要素作为评价要素，选择评价要素时要考虑其总体涵盖的范围及其在单元学习计划中的地位。

（2）确定主要评价指标。

评价主要指标应该符合以下要求：与学习目标紧密结合；尽可能用简短的词语进行描述；一个有效量规中的每个主要指标通常是一维的，它可以被分解成几个二级指标，但却与其他一级指标并列构成了评价的主要方面；所确定的主要指标在整体上要能够涵盖影响评价要素的各个主要方面。

每个评价要素的主要指标数目不必相同，但每个指标都应该是构成评价要素的主要影响成分。每个评价要素还可以拥有多级指标，但指标级数并不是越多越好，而应根据实际需求来确定。

（3）设计评价指标权重。

对所选定评价要素的主要评价指标进行综合权衡，为每个主要评价指标分配权重，并对量规中各评价指标的权重（分数）进行合理设置。

首先，评价指标的权重设计与教学目标的侧重点有直接的关系，并与评价的目的相关，反映主要考察目的的评价指标，权重应该高些。其次，在设计指标权重时要保证某个一级评价指标下的所有二级评价指标权重之和应等于该一级指标的权重。

（4）描述评价的具体要求。

在设计描述评价的具体要求时，应该使用具体的、可操作性的描述语言，避免使用概括性的语言。

3. 学习契约

学习契约就是一份由学习者和帮促者（专家、教师或学友）协商拟定的书面资料，清楚载明学习的内容、学习的程序和方法、学习的时间以及评估的方式等，以详细规范教、学的职责。简单地说就是：学习者与帮促者之间的书面协议或者保证书。

学习契约的优点有以下4点：第一，可加强教与学之间的良性互动；第二，可使教学更具弹性，更能顾及学员间的差别；第三，能够有效的控制学习程序；第四，学员具有一定的主动权，能激发其学习的积极性。

学习契约评价应遵循以下5个步骤。

（1）诊断学习的需要，并确立学习目标。让学习者在学习之前，就已明确学习内容及要达到的标准。

（2）根据学生的学习风格、时间表、费用等各种因素来选择最优的学习资源和策略。

（3）制订学习计划。包括考虑学习者如何实现既定目标；如果遇到困难或障碍，学习者将采取哪些其他可供选择的计划或方案。

（4）由学习者和帮促者共同协商对学习结果的评价方式，并确定评价标准和工具，协商后协议双方签字确认。

（5）实施学习契约。帮促者和学习者，根据契约的内容，共同对学习过程和学习效果进行检查。

4. 范例展示

范例展示就是在布置学习任务之前，向学生展示符合学习要求的学习成果案例，以便为学生提供清晰的学习预期目标。

5. 评估表

评估表是以问题或评价条目形式组织的表单，适当地设计可以帮助学习者通过回答预选设计好的问题来产生某种感悟，有效地启发学生的反思，从而增强他们的自主学习能力，达到提高绩效的目的。

6. 概念图

概念图是美国康奈尔大学的 Joseph D. Novak 博士根据有意义学习理论在上世纪六十年代研究出来的一种教学工具，它用节点代表概念、用连线表示概念间关系。

概念地图是用来组织和表征知识的工具，通常将有关某一主题的概念置于圆圈或方框之中，然后用连线将相关的概念和命题连接，连线上标明两个概念之间的意义关系。作为学习工具，概念地图能够构造一个清晰的知识网络，便于学习者掌握整个知识架构。将其作为评价工具，可了解学生的学习进展和内心思维活动的情况，从而给出及时诊断。

7. 表现性评价

通常也称绩效评价，它是通过观察学生在完成综合性或真实性任务时的学习表现来判断其发展过程和结果的评价方法。学生必须自己创造出问题解决方法（即答案）或用自己的行为表现来证明自己的学习过程和结果，而不是在已有答案中做出选择；评价者必须观察学生的实际操作或记录学业成果；评价必须能促使学生在实际操作中学习知识和发展能力。表现性评价的常用方式包括演示、实验与调查、项目、口头描述与戏剧表演、作品集等。

以上 7 种信息化教学评价方法可以根据特定的教学内容和教学对象选择使用，它们的优势在于关注学习过程，试图通过改进学习过程改善学习结果。除了评价知识、技能等可以量化的方面以外，更适合评价兴趣、态度、策略、合作精神等不易量化的东西。但是根据教学实践的需要，也可以作为总结性评价的参考，尤其是评价量规，既可以作为形成性评价的标准，也可用于总结性评价中。

5.2 课程评估标准

情境描述

课程评估是指检查课程的目标、编订和实施是否实现了教育目的，实现的程度如何，以判定课程设计的效果，并据此作出改进课程的决策，它是确定课程与教学计划实际达到教育目标的程度的过程。

完成任务

任务一　搜索课程评估标准并进行研讨

任务内容：搜索相应课程的评估标准。

评估标准的内容差别比较大，在进行搜索的时候也容易形成不同组，不同人之间的认知偏差。因此在各个小组进行检索下载之前，可以先在以下几个方面统一，做好评估标准准备，见表5-1。

表5-1　检索评估标准准备

统一内容	统一结果	备　注
学校层次		
专　业		
学　制		
课　程		

在各小组形成了统一的关键字后，再进行检索下载，然后进行组内讨论。

任务二　了解课程评估的各种模式

任务内容：在前面工作的基础上，进行各种课程评估模式的对比。

将几种常见的课程评估模式进行对比，将对比结果填写在表格中，将表格补充完整。

因为职业院校的课程千差万别，所以适用的课程评估模式也不一样，应该针对不同的专业、不同的学制、不同的学生情况、不同的教学模式，设置不同的评估模式，见表5-2。

表5-2　课程评估模式

序　号	课程评估模式	主要特点	适用课程	评估内容
1	过程评估	强调能力		
2				
3				
4				
5				

知识与技能

5.2.1 课程评估的概念及意义

课程评估中的"课程",是指职业学校在专业教学标准中所规定的课程。评估,是指对被评估对象做出价值判断。课程评估是参照培养目标以及本课程的教学目标,规定相应的评估标准,并系统地收集信息,采用科学的方法,对课程教学活动中的教和学两个方面的状况,做出综合性的价值分析和判断。

课程评估一是可以保证学校各门课程都成为合格课程;二是促使合格课程通过进一步努力建设,形成自己的特色,成为优质课程;三是培养高素质复合型人才的有效保证;四是提高学校教学管理水平的有力措施。

5.2.2 课程评估的模式和原则

根据课程评估的目的要求不同,课程评估有3种不同模式可供选择。一是目标效果模式即课程质量评估,主要考察学生的实际水平达到课程教育目标的程度;二是决策模式,主要根据决策部门要求,提供有关信息,供决策者参考;三是综合效果评定模式,其目的不仅要判断课程目前的真实水平,还要判断它在今后一段时间内的发展趋势,明确努力方向。

国内常实行的课程评估大致有4种类型。一是作为学校办学水平和专业评估组成部分的课程评估;二是某门课程的校际评估;三是校内优秀课程和合格课程评估;四是校内教学检查性评估。

课程评估要遵循的原则包括符合教育教学规律;科学性与可行性相结合;定性指标与定量指标相结合;基本指标与特色指标相结合。

5.3 课程评估策略

情境描述

评估策略是评估一个课程的重要支撑，面对不同的课程，不仅要考虑课程的内容，更要考虑课程与学生的学习能力、专业的岗位要求、经济的人才需求和技术发展方向等诸多方面，做到课程内容让学生学得会，专业技能到企业用得上，毕业生进入岗位不被淘汰。

完成任务

任务 分析信息化教学环境下课程评估的误区

在信息化教学环境下，人们在进行课程评估的时候，容易将注意力放在信息技术的应用上，为了技术而技术，而不是为了教学而应用，所以，在进行课程评估时，一定要避免由于盲目追求信息技术而形成误区。

不同的专业对于信息技术的要求不同。请对3门左右本专业的课程进行分析，提出容易形成的误区，并填入表5-3中。

表5-3 课程评估误区分析表

序 号	课 程	技术特色	适合岗位	常见误区
1				
2				
3				
4				

知识与技能

5.3.1 制订课程评估策略

评估策略是一门课程评估过程的指引。课程评估不同于专业评估，也不同于课堂评估。专业评估要考虑全面与延展，课堂评估仅考虑当堂的教学与吸收，而课程评估要考虑课程的关联性、岗位的适应性、内容的可用与可学、技术的领先与实用等多方面的内容。如果课程评估策略制订不当，会把一门课程搞得没有目标，没有方向，没有结果，形成事倍功半，甚至无效的不良后果。

在进行了课程评估误区分析后，可进一步制订课程的评估策略。

根据本专业的行业情况、市场情况、学生情况，制订某一门课程的评估策略表（见表5-4）。

表5-4 课程评估策略表

课程名称		专业	
适应岗位			
上级学校专业		资格证书	
课程理论比例		课程实践形式	
课程针对性	基础课　专业基础课　专业核心课　专业课　实习课		
课程连贯性	连接前导课　　无前导课　　有后续课程　　有后续认证		
课程延展性	可开设周边课程　　有可持续性		
岗位需求分析			
学情分析			
教学设备分析			
教师教学能力			
与市场经济适应性			
教学过程评价			
综合评价			

5.3.2 用信息化手段进行课程评估

1. 课程评估的信息化

信息化时代下课程评估的形式也有了很大有变化，为了区别于以前的面对一个环节或者单独群体的评估，可以尝试在信息化手段下对一门课程进行评估。

本任务探索对一门课程用信息化手段进行全面评估。考虑如下的评估方式：

（1）寻找一门有较强适应性的课程，要求开设的学校多，学习的学生多。

（2）寻找一个有较多用户的平台。学员可以寻找自己平时所用的有较多用户的平台，如微信群、QQ群、论坛、微博、博客均可。

（3）将课程内容简化，尽量简化到只有本群人员最关心的内容的程度，如只保留主要内容，或者只保留考核方式。

（4）将简化后的内容放到平台上，请大家进行讨论。

（5）对讨论内容进行收集、总结和统计。

（6）利用模糊数学的方式进行统计，即将统计结果数字化，如将讨论内容分为：支持性意见，反对性意见。

（7）根据统计信息，得出评估结果，并附上意见。

2. 用微信进行课程评估

微信目前已经成为大家普遍使用的交流平台，大家经常在微信群进行各种话题的讨论。在这里进行评估与研讨的最大好处是群里的好友都关心同样的问题，或者在同一个行业。用互联网营销语言来描述就是群友都是"精准粉丝"。

但由于微信群不支持调查和投票等形式，所以在进行评估测试时要使用微信公众号。

下面简单介绍如何通过微信公众号进行投票形式的课程评估。

（1）微信公司支持个人建立公众号，个人在建立公众号之后可以使用公众号的功能进行各种调查和投标统计。

进入微信公司的官方网站：http://weixin.qq.com/，如图5-1所示。

图5-1 微信官方网站

进入官网后,再单击"公众平台",进入"公众平台"界面,如图 5-2 所示。

图 5-2　进入公众平台

进入公众平台之后,要进行个人信息注册,如图 5-3 所示。

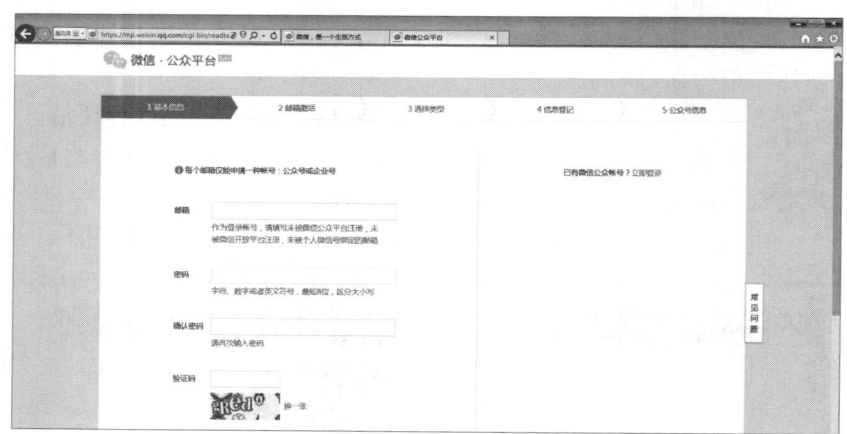

图 5-3　注册个人信息

注册完成后,会收到微信公司发送到邮箱的注册邮件,要到邮箱单击相关链接激活。注意一个邮箱只能注册一个公众号,所以在注册时要使用真实的邮箱。

激活之后,还要进行信息登记,因为公众号的影响范围大,所以微信公司对信息真实性有比较高的要求,要求注册人要用自己的身份证等真实信息进行拍照并上传,所以会有一定的验证时间。

因为这里进行注册的运营主体为个人,所以只能注册"订阅公众号"。

在注册完成并通过审核之后,就可以进行微信公众调查和投票了。

(2)在各个群通知自己的好友关注该公众号。可以通过微信群,或者朋友圈,或者QQ群等形式,将公众号的信息发给大家(包括二维码、名称、号码、链接等),请要调查的对象关注该公众号。

(3)在公众号中放置要进行投票调查的内容。便用微信公众号进行投票调查,最大的优势就是公众号本身提供了一个平台,调查者既可以和被调查者进行一对多的交流,也可以转移到微信对话进行一对一的私下交流,还可以进行投票统计。

因此,可以在公众号上放置较全面的评估内容,可以是一门课程的全部内容,也可以是部分内容,如一门课程的授课计划,或者课程的考核方式等。

(4)在公众号中设置调查投票。首先登录微信公众平台,单击功能中的"投票管理"链接,新建投票,如图5-4所示。

图5-4 进入公众号界面,单击"投票管理"链接

在选择投票管理后,点击新建投票,进入投票设置界面,输入投票名称,并输入投票的选项和内容。

按照图5-5提示填写投票信息。主要内容有以下5项。

投票名称:仅由编辑者方便区分使用,不显示在公众号上。

截止时间:设置投票的开始和结束时间,截止时间必须为当前时间

第5章 教学评价与课程评估

往后的半年之内。

标题：投票的内容。如同意或不同意等。

选项类型：问题选项可以为单选，也可以设为多选。

图 5-5　编辑投票信息

投票的具体选项：填写投票内容的具体内容，每个选项最好可以上传一张 300×300 像素的图片，格式为 png、jpg 或 gif。大小不超过 1 MB。每个投票最多包含 30 个问题。

在完成投票编辑后上传投票，上传后可以单击"详细信息"按钮进行校对，以保证信息的准确，如图 5-6 所示。

图 5-6　单击"详细信息"按钮进行校对

新建好投票后需要进行发布才可以让关注的粉丝进行投票，发布方法是在微信公众号的平台界面上单击"素材管理"按钮，进入图文编辑器，然后新建图文信息，在图文编辑器右侧的选项中单击"投票"按钮，并选择"已有投票"，将已经编辑好的投票添加到文章中去。如图5-7所示。

图 5-7　发起关于课程标准的投票

在投票结束后，可以单击公众号界面的"查看投票结果"按钮，登录微信公众平台，单击功能中的"投票管理"按钮，单击"详情"即可查看，根据投票结果，可以进行关于课程标准的调查结果分析。

投票结果中还有以下几个地方需要注意：如只能查看投票结果，不能查看投票人名称；每个微信用户在同一投票中只能投一票；一旦单击"删除"，投票数据就无法恢复，且在图文中无法查看；可以修改截止时间，但所设时间需要在当前时间之后的半年内，若截止时间已过期则无法修改。若投票功能异常，可以更换浏览器、清理缓存后按 Ctrl + F5 刷新页面。

（5）如果对调查内容还有进一步的要求，也可以在公众号中再进行一次设置，进行下一轮的调查投票。

课 后 训 练

1. 信息化评价的流程有哪些？
2. 结合本校情况，简述当前课程评估存在的问题。

3. 利用网络了解课程评估的相关内容。

拓 展 资 料

［1］姜婷婷．探寻式搜索研究述评［J］．中国图书馆学报，2013（4）：36－47．

［2］刘喜平．空间关键词搜索研究综述．软件学报，2015（8）：34－39．

［3］王海粟．浅议会计信息披露模式［J］．财政研究，2004（1）：56－58．

［4］左晓梅．关于信息技术教育应用效益评估方法的研究［J］．远程教育，2012（6）：18－23．

［5］李秀兰．新课程背景下的教师评价［J］．甘肃教育，2006（4B）：10－10．

［6］王鸽．新教学模式中的教学评价［J］．江苏教育，2008（11）：33－34．

［7］隋沂鑫．信息技术与课程整合的问题与策略［J］．南宁职业技术学院学报，2007（4）：43－45．

［8］陈卫东，叶新东，张际平．智能教室研究现状与未来展望［J］．远程教育杂志，2011（4）：39－45．

［9］南纪稳．量化教学评价与质性教学评价的比较分析［J］．当代教师教育，2013（1）：89－92．

［10］高鹏飞．高校信息化教学质量评价研究［D］．南京师范大学，2011．

［11］冯燕芳．高职院校实践教学评价指标体系研究［J］．职业技术教育，2012（8）：34－36．

［12］赵雪晶．我国中学教师教学评价素养研究［D］．华东师范大学，2014．

郑重声明

高等教育出版社依法对本书享有专有出版权。任何未经许可的复制、销售行为均违反《中华人民共和国著作权法》，其行为人将承担相应的民事责任和行政责任；构成犯罪的，将被依法追究刑事责任。为了维护市场秩序，保护读者的合法权益，避免读者误用盗版书造成不良后果，我社将配合行政执法部门和司法机关对违法犯罪的单位和个人进行严厉打击。社会各界人士如发现上述侵权行为，希望及时举报，本社将奖励举报有功人员。

反盗版举报电话　（010）58581999　58582371　58582488
反盗版举报传真　（010）82086060
反盗版举报邮箱　dd@hep.com.cn
通信地址　北京市西城区德外大街4号
　　　　　高等教育出版社法律事务与版权管理部
邮政编码　100120